Philippe Séguin

La République selon Cyrano

Kevin Alleno

Avant-propos

L'idée de ce livre est apparue à l'occasion des débats de la primaire de droite. Plus précisément lors d'un passage évoquant Maastricht. Voir Nicolas Sarkozy, François Fillon et Alain Juppé parler de ce traité conférait à la scène un fort parfum des années 90. On s'attendait alors à voir surgir Philippe Séguin pour enflammer un débat désespérément terne. Mais une telle apparition, possible lorsque l'on est dans les bras de Morphée, ne l'est pas dans la réalité. On restait donc prostré devant la télé avec une certaine nostalgie. Nostalgie d'autant plus paradoxale, qu'étant trop jeune à l'époque, l'auteur de ces lignes n'a jamais suivi la carrière politique de Philippe Séguin en direct. Il a découvert son parcours et ses fulgurances à travers livres et vidéos, éprouvant rapidement une certaine fascination. Certes, le personnage ne manquait pas de défauts, qui ont d'ailleurs précipité la fin d'un destin qui aurait pu être présidentiel. Mais la manière dont il exerçait la politique avait quelque chose d'enthousiasmant si ce n'est de romantique. Et si le livre peut apparaître comme un éloge c'est surtout qu'il sonne, en creux, comme une critique de la manière dont la politique se conduit généralement.

La comparaison entre Philippe Séguin et le personnage de Cyrano de Bergerac s'impose d'elle-même. La mélancolie, l'éloquence, le panache qui peut friser, parfois, la grandiloquence du bretteur gascon, collent parfaitement au charismatique Président de l'Assemblée nationale. Cette comparaison, d'autres avant nous l'ont effectuée. François Fillon, notamment, dans l'éloge funèbre émouvant qu'il prononçât devant les députés. Alain Duhamel, ensuite, dans une chronique qu'il consacra à Philippe Séguin pour *Libération*. Il y dépeignait alors, non sans une certaine condescendance, un personnage plus proche en réalité de Don Quichotte que du personnage imaginé par Edmond Rostand. Comparaison que réalisa ouvertement, en revanche, Laurent Joffrin qui assimilait les combats de Philippe Séguin à autant de moulins à vents. Or, avec le recul, l'Histoire, qu'aimait tout particulièrement l'ancien député des Vosges, lui a plutôt donné raison. Il n'y avait qu'à voir, au lendemain du Brexit, le nombre de personnes, de tous bords, soulignant l'acuité des prédictions de Philippe Séguin dans son célèbre discours sur le traité de Maastricht.

Cela montre bien que Philippe Séguin est, au fond, devenu un classique de la vie politique française. On le cite abondement aujourd'hui, sans se soucier toujours de la cohérence avec ses propres idées. Philippe Séguin n'aurait probablement pas bondi de joie de se voir récupérer ainsi. Mais le fait d'être cité par des gens de courants opposés au sien est précisément le signe qu'il est entré, en quelque sorte, dans le Panthéon de la République française. C'est le revers de la médaille puisque l'on peut aisément penser qu'il aurait été agacé d'être cité par des personnes qui partagent, souvent, que de manière éloignée, ses combats. D'autant que le conformisme et l'hypocrisie lui étaient tout à fait étrangers. Enfant terrible du gaullisme, il était davantage habitué à se faire beaucoup d'ennemis. Il gênait de son vivant, alors que disparu, chacun peut lui faire dire ce qu'il veut.

Ceux qui s'attendent à une biographie classique seront déçus. De très bonnes sont déjà parues sur Philippe Séguin[1] et nous incitons volontiers les lecteurs à les consulter. Dans ce livre, nous nous sommes attachés davantage à brosser un portrait politique de l'intéressé. Un portrait élogieux, il est vrai, sans masquer pour autant une certaine tendance suicidaire dans la conduite de sa carrière, ni son caractère colérique qui laissait entrevoir une face plus sombre du personnage. Mais la carrière de Philippe Séguin est exemplaire à bien des titres et apparait d'autant plus originale qu'il est un pur produit de la méritocratie. Un projet qui apparaît quelque peu en panne aujourd'hui. Il a en outre tout au long de son parcours fait montre d'une grande liberté tout en restant attaché à un certain nombre d'idées et de valeurs dans un univers où les gens se révèlent souvent

---

[1] La dernière biographie rédigée par Arnaud Teyssier apparaît à cet égard comme la plus complète et la plus dense. Arnaud Teyssier, *Philippe Séguin. Le remords de la droite*, Paris, Perrin, 2017

corsetés par la peur de perdre leur position. Mais si le personnage politique est passionnant, c'est aussi parce que l'homme a des failles. Des failles qui sont, sans doute, à l'origine de la force de son engagement mais aussi, probablement, la source de son incapacité à atteindre les plus hautes responsabilités de l'État.

A l'heure où Emmanuel Macron et son projet de dépassement de la droite et de la gauche s'est imposé à la tête de l'État, il n'est pas dénué de sens de se pencher sur la trajectoire de Philippe Séguin qui n'est rien moins qu'une tentative avortée de transcender le clivage droite-gauche. Sa carrière politique fut un combat désespéré pour faire vivre le gaullisme et ce refus de la division stérile entre droite et gauche. Mais en se penchant plus précisément sur ses idées, on comprendra aisément que son projet n'avait pas grand-chose à voir avec celui défendu par l'ancien ministre de l'Économie de François Hollande et les personnes qui le soutiennent. D'ailleurs, si l'on scrute scrupuleusement la liste de ces derniers, on retrouvera les adversaires idéologiques de Philippe Séguin : Alain Minc, Bernard Kouchner, François Bayrou ou encore Daniel Cohn-Bendit. Si on peut voir dans ce projet la quête éternelle du centrisme, Philippe Séguin, bien que se trouvant également dans une position relativement centrale sur l'échiquier politique, défendait une vision différente. Cette opposition se retrouvait notamment sur la question européenne et le rapport à la mondialisation.

Esprit de liberté, intransigeance, éloquence, panache mais aussi une certaine mélancolie, voici les traits principaux que Philippe Séguin partage avec Cyrano de Bergerac, et que nous avons essayé de faire vivre dans les pages qui suivent. S'intéresser à ce personnage c'est aussi se pencher sur les raisons d'un certain désabusement vis-à-vis de la politique. Lui qui confessait juste avant sa mort en 2009 : « Je suis plus passionné par le football aujourd'hui que par la politique, à vrai dire », incarne la déception qu'éprouvent beaucoup de citoyens sur la manière dont se déroule le débat public. Car au-delà de ses idées, Philippe Séguin c'est avant tout une manière de faire de la politique, d'appréhender la démocratie et de faire vivre la République.

1. Un enfant de la méritocratie

« Grimper par ruse au lieu de s'élever par la force ? Non merci »

Cyrano de Bergerac, Acte II, scène VIII

Ce 2 avril 1993, le doyen des députés, Charles Ehrmann, proclame Philippe Séguin Président de l'Assemblée nationale. Celui-ci se lève, suit l'huissier et se dirige vers le Perchoir, essuyant les larmes qui coulent alors le long de son visage. A quoi pense-t-il en cet instant qui marque l'apogée de sa carrière politique ? A ses illustres prédécesseurs ? Possible. Aux sacrifices réalisés pour en arriver là ? Probablement. A ses proches ? Sans doute. En réalité, Philippe Séguin pense surtout à son père tombé au champ d'honneur pour libérer la France du joug nazi. Ce père, il ne l'a pas connu puisqu'il n'avait que dix-huit mois lorsqu'il disparut. Pourtant, dans la conclusion de son discours c'est à lui qu'il rend hommage avec une émotion contenue : « J'aurai enfin, moi aussi, m'autorisant de l'exemple de notre doyen, une pensée pour un jeune homme de vingt-trois ans, mon père, qui, à l'appel, précisément, du général de Gaulle, tomba à l'entrée d'un petit village du Doubs, un jour de septembre 1944, pour contribuer à la libération de la France. A travers lui, à travers ces grands exemples, je veux penser, nous devons penser à tous ceux qui, d'une manière ou d'une autre, ont fait du service de la Nation leur principale ambition. Puissions-nous, mes chers collègues, rester fidèles à leur mémoire et à leur exemple ». Lui, généralement si pudique, s'autorise pour la première fois à évoquer publiquement le souvenir de ce père dont la figure, et paradoxalement l'absence, influencèrent, indubitablement, son destin. Lui-même le confie plus tard à Serge Moati : « On ne cesse jamais d'être orphelin. Ca vous marque et ça explique votre histoire », concluant par ce sourire qui cache si mal la profonde mélancolie de son regard.

*

Philippe Séguin est né le 21 avril 1943 à Tunis. Il est le fils de Robert[2] et Denise Séguin. A la mort de son père, le petit Philippe devient pupille de la Nation, « le premier titre » qu'il ait eu, dira-t-il plus tard. Il signifie sa filiation avec la France, et le premier lien, quasi charnel, avec la mère patrie qui est officialisé lorsqu'il reçoit, à l'âge de cinq ans, la médaille militaire remise à son père à titre posthume. Elle matérialise la fierté du petit Philippe, mais aussi le devoir

---

[2] Selon Michel Taubmann, Philippe Séguin serait le fils naturel d'Albert Hayat. Michel Taubmann, *Le fils perdu de la République*, Paris, Editions du Moment, 2015. Arnaud Teyssier affirme, lui, que la famille de Philippe Séguin nie la réalité de cette information.

qu'il s'imposera de toujours se montrer digne de ce père qui lui adressa dans une dernière lettre en guise de testament : « Adieu mon fils, soit un homme loyal, honnête et courageux ». Cette recommandation, il s'attacha à la respecter sa vie durant.

Veuve dès l'âge de vingt-trois ans, Denise Séguin élève seule le petit Philippe. Digne et fière, elle met un point d'honneur à ne dépendre d'aucune autre personne, quitte à devoir se priver quelques fois. « Ne pas monter bien haut, peut-être, mais tout seul ! », aurait dit le bretteur gascon. Elle inculque à son fils cet état d'esprit que Séguin racontera plus tard dans ses mémoires : « On ne fait pas n'importe quoi, on ne consent jamais à s'abaisser, on a été trop démuni pour ne pas en tirer une fierté intérieure qu'on ne négocie pas. L'argent, le patrimoine sont secondaires. Il faut les mépriser pour être libre de servir ses convictions, ses idées, ses principes »[3]. On croirait lire du Cyrano si ce n'était cette prose qui prend la place des vers d'Edmond Rostand.

La modestie du ménage ne l'empêche pas pour autant de mener une enfance heureuse dans une ville de Tunis cosmopolite où les communautés se côtoient sans jamais se mélanger. Il joue avec les gamins du coin sans se soucier qu'ils soient Français, Arabes, Juifs ou Maltais. C'est là qu'il développe cet esprit d'ouverture qui en fera un personnage iconoclaste dans un RPR en voie de droitisation

---

[3] Philippe Séguin, *Itinéraire dans la France d'en bas, d'en haut et d'ailleurs*, Paris, Seuil, 2003, p.39

de plus en plus avancée. Le petit Philippe se passionne pour les livres qu'il dévore avec allégresse. Mais aussi pour le cinéma et l'Histoire. Son grand-père lui raconte la gloire de la geste napoléonienne, omettant de lui narrer les épisodes plus sombres de Trafalgar et Waterloo. Le petit Philippe se met à aimer la France passionnément, et à souffrir quand on lui porte des coups rugueux ou lorsqu'elle subit des humiliations indignes de son rang. Ainsi pleure-t-il lors de la défaite de Diên Biên Phu, racontant plus tard qu'il estimait alors que « c'était la négation » de ce qu'on lui avait enseigné de la France.

Ce pays révéré, mais encore si lointain et inconnu, il est obligé d'y venir par la force de l'Histoire. Le mouvement de décolonisation a débuté, et ceux qu'on n'appelle pas encore les « pieds noirs » se voient contraints de regagner un pays dans lequel ils n'ont, pour la plupart, jamais vécu. Se sentant « étranger sur [s]a terre natale et un intrus dans [s]on propre pays »[4], Philippe Séguin découvre, en 1955, une France moins accueillante que celle qu'il avait idéalisée jusqu'ici. Il débarque ainsi dans le sud-est, à Draguignan, où il va poursuivre une scolarité brillante.

Le passionné d'histoire et de littérature qu'il est ne peut que s'épanouir à l'école. Il faut dire que Denise, sa mère, veille au grain. Mais, chaque année, comme pour tout orphelin lors des rentrées des classes, il se retrouve confronté, avec un peu d'appréhension, à la fiche de renseignements. Fièrement, il

---

[4] *Ibid.*, p.64

écrit alors dans la case dédiée à la profession du père : « mort pour la France ». Une inscription qui suscite généralement une bienveillance accrue de la part du professeur.

Arrivé à Draguignan, sa mère l'oriente vers la carrière d'enseignant en l'inscrivant à l'école normale des instituteurs. Philippe y excelle et affiche une nette préférence pour les matières littéraires. Mais l'ambition maternelle n'est pas celle du fils et celui-ci préfère poursuivre ses études en fac d'histoire à Aix en Provence et à l'Institut d'études politiques. Il y connaît ses premiers engagements politiques. Il y obtient aussi la première mention *très bien* de l'histoire de l'Institut d'études politiques d'Aix en Provence, tout en se payant le luxe de rédiger un mémoire d'Histoire et de préparer en parallèle le concours de l'école nationale d'administration !

Dans sa jeunesse, Philippe Séguin découvre aussi l'amour du sport et notamment du football, bien qu'il se satisfasse, déjà, d'une pratique très modérée. A Nîmes, lors de sa seconde année d'école normale, il suit avec passion le parcours de l'équipe locale à qui le titre national échappe de peu. On peut comparer cette passion du ballon rond à celle d'un autre illustre français né au Maghreb : Albert Camus. Comme le futur président de l'Assemblée nationale, l'auteur de *Caligula* vient d'un milieu modeste et s'est élevé à la force de son talent. Et comme lui, il s'identifie à ce sport populaire qui enseigne une « morale » devenue quelque peu abstraite à l'heure du *foot business*. Plus tard, il deviendra un fervent supporteur du Paris-Saint Germain, n'attendant pas pour cela l'arrivée de Zlatan Ibrahimovic et des Qataris. Lui allait déjà au Parc des Princes lorsque les joueurs s'appelaient Francis Llacer, Fabrice Pancrate ou Bernard Mendy. Son amour du foot l'amena même à regarder au Perchoir les matchs de la coupe du monde 1994 sur le moniteur destiné à lui montrer les orateurs dans l'hémicycle, informant ses collègues de l'évolution du score avec ses mains. Séguin s'enflammera moins pour le football moderne, estimant que l'arrêt Bosman l'avait défiguré en effaçant les particularismes au profit du mercenariat. Pour lui, dans le football « ce qui compte vraiment, c'est la communion entre le public et l'équipe », lui faisant sans doute goûter modérément la transformation quasi-systématique des footballeurs en égérie publicitaire. Lui, voyait surtout dans le football une quête de l'esthétique doublée d'une source de ferveur populaire capable de transcender les clivages de la société pour aboutir au vivre-ensemble.

Issu d'un milieu républicain de gauche avec une mère et un beau-père instituteurs, Philippe Séguin est plutôt proche de l'UNEF et des chrétiens de gauche. Admirateur de Pierre Mendès-France et du général de Gaulle, il rêve secrètement d'une alliance entre ces deux grandes figures. Il n'est pas le seul d'ailleurs, y compris chez les gaullistes. Jacques Chaban-Delmas s'évertua ainsi à constituer un pont entre les deux hommes, en vain. Dans ces années-là, Philippe Séguin est acquis à la cause de l'indépendance algérienne. Ayant vécu le départ de Tunisie, il sait la chose inéluctable. C'est l'indépendance algérienne qui le pousse d'ailleurs davantage vers le gaullisme, à l'opposé de beaucoup qui vont grossir les rangs de l'OAS ou simplement se tenir en retrait d'un mouvement politique désormais honni. Tiraillé entre deux engagements, Séguin est contraint de faire un choix, son penchant pour le général de Gaulle n'étant pas forcément très bien accueilli du côté de la gauche. Si bien qu'en 1965 il prend sa carte à l'UNR, le parti gaulliste, sans renoncer, pour autant, à ses convictions progressistes pour devenir « un gaulliste d'une espèce un peu particulière » dira-t-il dans ses mémoires[5]. Il entend alors s'investir pour contrebalancer le conservatisme qui s'installe peu à peu au sein de la formation gaulliste plutôt que de regarder complaisamment cette droitisation depuis un mouvement socialiste partisan qui le déçoit profondément.

Pour financer ses études, Philippe Séguin effectue parallèlement des piges pour des journaux locaux comme *La Provence*. Sa qualité de plume, sa rapidité de réflexion et sa capacité de travail hors-norme n'échappent pas à ses différents patrons. Il y couvre notamment l'actualité sportive, faisant ainsi la connaissance d'un certain Eugène Saccomano. Mais il abandonne finalement le métier pour se consacrer pleinement à ses études qui le mènent jusqu'à

---

[5] *Ibid.*, p.120

l'ENA. Si le journalisme l'intéresse et qu'il songe, un temps, y faire carrière, l'appel du service de l'État et de la France est le plus fort dans le cœur du fils de l'aspirant Robert Séguin.

A son arrivée à l'ENA, Philippe Séguin est l'un des seuls à ne pas venir de Sciences Po Paris. N'étant pas du sérail, il n'en est pas moins l'un des seuls à refuser de cracher dans la soupe en critiquant cette école. Pour lui, au contraire, elle symbolise la méritocratie républicaine : « J'avais choisi l'ENA, donc le service public, parce que cela me paraissait, en toute candeur, valoir une entrée en chevalerie. Voilà bien, au terme de toutes ces années de formation, de préparation, ce qu'était la République à mes yeux : la possibilité offerte à des roturiers d'accéder à un ordre aussi prestigieux qu'exigeant, sans avoir de lettres patentes à acheter, mais seulement un mérite à démontrer et, surtout, un engagement à prendre, engagement de consacrer sa vie au service du pays, engagement qui valait adoubement… »[6]. A la vue du nombre d'élèves qui, chaque année, préfèrent pantoufler dans des grandes entreprises, c'est un euphémisme que de dire que sa vision chevaleresque du service public et de l'intérêt général n'est pas partagée par tout le monde. On ne peut s'empêcher d'y voir une certaine naïveté, à moins que cela ne soit notre esprit qui soit devenu quelque peu désabusé. Toutefois, s'il

---

[6] *Ibid.*, p. 129

reconnaissait un système imparfait, Philippe Séguin estimait que l'ENA permettait un recrutement de qualité qui évitait le népotisme et la corruption au sein de la haute fonction publique. Et selon lui, l'esprit de corps, pour ne pas dire de caste, que l'on reproche si souvent à cette école, ne provenait pas de l'école mais des grands corps : Conseil d'État, Inspection des finances, Cour des comptes etc.

Après un stage effectué à Tahiti et une scolarité sérieuse, Philippe Séguin se classe 7ème d'une promotion Robespierre qui compte également dans ses rangs Jacques Attali. Ayant l'embarras du choix, il opte pour la Cour des comptes, notamment pour la liberté et l'indépendance qu'elle permet dans la conduite du travail. Il racontera dans ses mémoires avoir été reçu par des inspecteurs des finances désireux de le convaincre de rejoindre leur corps. L'entretien confirma la vision détestable qu'il avait de l'univers et de la manière d'être des inspecteurs des finances. Ceci explique, peut-être, les relations exécrables qu'il entretiendra, plus tard, avec Alain Juppé, membre de ce grand corps de l'État.

Rapidement, les qualités de Philippe Séguin sont repérées à la Cour des comptes, notamment, par Michel Jobert, membre de ce grand corps et alors Secrétaire général de l'Élysée. Il l'intègre même au sein de l'équipe présidentielle en charge des questions d'agriculture, d'environnement et des rapatriés. Petit clin d'œil de la vie pour l'enfant de Tunis qui, une fois arrivé dans les palais de la République, se voit chargé d'instruire cette question qu'il a vécu dans sa propre chaire. Ce passage à l'Élysée est aussi l'occasion pour Séguin de découvrir et de travailler avec le ministre de l'Agriculture d'alors, un certain Jacques Chirac. Le jeune conseiller élyséen apprécie l'esprit de « franche camaraderie » développé à son égard par le ministre, même s'il reconnaîtra dans ses mémoires, qu'il n'était sans doute pas tout à fait désintéressé. Cela sera, toutefois, la seule période de la carrière politique de Philippe Séguin, où les relations avec Chirac se dérouleront sans accroc.

En 1973, Philippe Séguin commence à se faire un nom en rédigeant un rapport sur le football professionnel français qui garantit la viabilité de celui-ci. La situation qui menaçait de dégénérer, tandis que certains joueurs professionnels étaient en grève, fut redressé grâce à ce rapport qui fut assimilée à « une bible » pour le football professionnel selon les mots de l'ancien président de la FFF, Fernand Sastre. Elle valut à son auteur la gratitude de tout un milieu qui lui rendit un hommage chaleureux, et dénué de toute hypocrisie, à l'annonce de son décès. Ce qui fut loin d'être le cas dans le monde politique. Il eût ainsi l'honneur de voir son nom donné à une tribune du Parc des Princes, lui à qui on proposa dans les années 80 de devenir président du Paris-Saint-Germain.

Quelque temps plus tard, il devient le directeur de cabinet de Christian Poncelet, alors ministre en charge des relations avec le Parlement. C'est d'ailleurs lui qui lui met le pied à l'étrier pour qu'il se présente aux législatives dans les Vosges en 1978. Séguin préfère, lui, le sud-est de la France. Il y a d'ailleurs une logique à une telle orientation. N'est-il pas originaire du Var, et rapatrié, de surcroît, ce qui ne manquerait pas de lui valoir quelques sympathies ? Mais, malheureusement, la logique n'est pas toujours ce qui prime en politique. D'ailleurs, ce n'est pas pour rien que l'Assemblée nationale fut surnommée longtemps par ceux qui la fréquentaient : « l'hôpital de jour ». Philippe Séguin, ne disposant pas de puissant protecteur, se voit attribuer la circonscription d'Épinal, refusée par plusieurs prétendants au RPR, car jugée perdue d'avance face à la gauche. Mais contre toute attente, Philippe Séguin remporte l'élection, rendant incrédule bon nombre de caciques, au premier rang desquels ceux qui l'avaient envoyé au casse-pipe. Il déclara, plus tard, que cette élection fut sa plus grande joie politique, précisant que l'élection à la présidence de l'Assemblée nationale relevait davantage de l'émotion que de la joie pure. Considérant, à raison, que l'on ne lui a pas fait de cadeau, Philippe Séguin estime avoir mérité son indépendance. Dès lors, sa liberté de ton ne va cesser de surprendre à gauche mais surtout à droite. Jacques Chirac aurait sans doute préféré disposer d'un allié moins indocile.

Devenu député, il ne manquait plus à Philippe Séguin, pour compléter cette fulgurante ascension, que d'intégrer le

Gouvernement. Ce qui advient en 1986 lors de la première cohabitation. Philippe Séguin, le pupille de la Nation, devient ministre de la République. En réalité, ministre de la République, si l'on en revient à son sens latin premier : servir, il l'a toujours été. Il ne remplit la fonction officielle que pendant deux années en charge des Affaires sociales et de l'Emploi[7]. Auparavant, il compléta son curriculum républicain en devenant maire de la ville d'Épinal en 1983.

*

Des faubourgs de Tunis aux ors des palais de la République, en passant par les bancs de la faculté d'histoire d'Aix et les dortoirs de l'internat de l'école normale, Philippe Séguin a effectué une ascension qu'il ne doit qu'à son seul mérite. Pour arriver jusque-là, il a pris bien soin de respecter les consignes de sa mère et de révérer les quelques mots d'adieu de son père qui lui ont servi de boussole dans un monde politique où l'opportunisme tient généralement lieu de baromètre et l'ambition personnelle de rose des vents. « Le petit chose » a fait bien du chemin, et il tient désormais un rôle éminent dans une République où les personnalités politiques issues d'un milieu modeste se font rares. Pierre Bérégovoy souffrit parfois, à cet égard, d'un mépris de classe de la part d'une certaine aristocratie de

---

[7] Un grand ministère des Affaires sociales qui comprenait aussi la santé, le handicap, l'immigration et la famille pour un boulimique de travail.

gauche. Et si certains hommes politiques, à droite, raillent son côté Gavroche, Philippe Séguin n'en a cure et peut finalement rétorquer avec Cyrano : « Moi, c'est moralement que j'ai mes élégances. »

2. Un homme indépendant

« -Vous voulez être à moi ?

-Non, Monsieur, à personne. »

Cyrano de Bergerac, Acte II, scène VII

Le 5 mai 1992, à la tribune de l'Assemblée nationale, Philippe Séguin prononce le discours qui va le propulser sur le devant de la scène politique française. Il y démontre, à plusieurs titres, un goût certain pour l'indépendance. Il y défend, tout d'abord, le désir gaullien de l'indépendance de la France et le refus de la perspective fédéraliste tracée par certains européistes. Par ce discours, il affirme également son penchant pour l'indépendance personnelle, dans un souci tout aussi gaullien de liberté à l'égard des partis politiques d'une manière générale, et du RPR en particulier. Les ténors du RPR, Jacques Chirac, Jacques Chaban-Delmas, Édouard Balladur, Alain Juppé, se sont prononcés en faveur de la ratification du traité de Maastricht, suivant ainsi d'autres personnalités comme Valéry Giscard d'Estaing ou les membres du gouvernement socialiste d'alors. Philippe Séguin, qui prend la peine de lire le traité, s'insurge contre les abandons de souveraineté qu'il induit, et ne peut se résoudre à entériner ce qu'il assimile à un « anti 1789 ». Il présente alors une exception d'irrecevabilité expliquant que seul le peuple est compétent pour adopter un traité qui viole des pans entiers de la Constitution. L'exercice démontre un certain courage intellectuel car comme il le dit alors : « le conformisme ambiant, pour ne pas dire le véritable terrorisme intellectuel qui règne aujourd'hui, disqualifie par avance quiconque n'adhère pas à la nouvelle croyance, et l'expose littéralement à l'invective. Qui veut se démarquer du culte fédéral est aussitôt tenu par les faiseurs d'opinion (...) au mieux pour un contempteur de la modernité, un nostalgique ou un primaire, au pire pour un nationaliste forcené tout prêt à renvoyer l'Europe aux vieux démons qui ont si souvent fait son malheur ». Il regrette dans son allocution être contraint de porter seul cette parole : « il eût mieux valu, à l'évidence, que des voix plus fortes que la mienne engagent le combat », visant clairement un Jacques Chirac, censé être, en tant que président du RPR, le gardien du temple gaulliste. Or, au lieu de se ranger respectueusement voire obséquieusement à la décision du chef, comme le fit Alain Juppé[8] notamment, Philippe Séguin décide d'engager le fer et de mener une bataille contre les membres de son parti, sans avoir, chose rare, d'arrière-pensée électoraliste[9], estimant qu'« il est des moments où ce qui est en cause est tellement important que tout doit s'effacer ». Cette indépendance, que d'aucuns assimilent à

---

[8] Alain Juppé partageait initialement le constat de Philippe Séguin. Il fit, néanmoins primer sa fidélité à Jacques Chirac.
[9] Il y avait, par exemple, clairement des ambitions électorales derrière l'engagement noniste de Laurent Fabius au référendum de 2005, et sur son basculement à gauche du PS d'une manière générale.

une ambition dévorante ou un caractère sanguin, est en réalité l'expression d'une fidélité à toute épreuve à un corpus d'idées que l'on désigne communément par le vocable de « gaullisme social ».

Cette dénomination politique est devenue aujourd'hui très à la mode à droite de l'échiquier, souvent revendiquée de la part de personnes qui n'ont de sociale que l'auto-proclamation et du gaullisme qu'un vague souvenir de jeunesse[10]. Cette dénomination, qui s'applique réellement à Philippe Séguin, n'est que l'évolution sémantique désignant les gaullistes de gauche comme Louis Vallon, René Capitant voire même, dans une certaine mesure, Jacques Chaban-Delmas. C'est d'ailleurs ce qui valut à ce dernier la vindicte de Pierre Juillet et Marie-France Garaud, bien aidés par l'ambitieux Jacques Chirac. Donc, Philippe Séguin, on peut le dire, et lui-même ne se privait pas de le faire, était un gaulliste de gauche. Ce positionnement devenait, cependant, de plus en plus compliqué à tenir à mesure que le RPR se transformait en parti de droite classique, loin du mouvement trans-partisan qu'était censé représenter le gaullisme. Séguin fut consterné par le virage pris par son parti dans les années 80, ce que le politiste Jean Baudouin nomma « le moment néo-libéral du RPR »[11]. Il

---

[10] François Mitterrand faisait, lui, la distinction entre « les gaullistes de légendes et les gaullistes de brocante ».
[11] Jean Baudouin, « Le moment néo-libéral du RPR : essai d'interprétation », *Revue française de science politique*, 1990, volume 40, pp.830-844

s'opposa souvent à l'époque, au sein du Gouvernement, à Edouard Balladur, alors ministre de l'Economie et devenu l'éminence grise de Jacques Chirac après la disgrâce du duo Juillet-Garaud. Cette tension entre sa fibre gaulliste de gauche et la droitisation de son parti le conduisit naturellement à refuser d'intégrer l'UMP naissante. Naturel, car qu'aurait-il fait dans un parti qui s'affirmait authentiquement de droite et qui n'était déjà plus gaulliste depuis longtemps ? L'intégration d'une partie des centristes achevait de consacrer la négation de la singularité du mouvement gaulliste. Charles Pasqua, pour qui Jacques Chirac était le fossoyeur du gaullisme, avait cette réponse subtile et savoureuse lorsqu'on lui demandait si Nicolas Sarkozy était gaulliste : « Il l'a été... ». Un jugement que l'on pourrait appliquer à de nombreuses personnalités de l'UMP.

L'enjeu pour gagner une élection, d'après Philippe Séguin, était de figurer au centre-gauche de l'échiquier politique, ce qu'avait parfaitement su faire Chirac en 1995, selon lui. Il regretta beaucoup l'inflexion à droite des derniers jours de cette campagne et la nomination d'Alain Juppé à Matignon pour incarner cette ligne. Au-delà du reniement du thème de la « fracture sociale » qu'il avait inspiré à Chirac, Philippe Séguin était le parfait opposé d'Alain Juppé, tant du point de vue des origines, du caractère que des choix de carrière. Juppé a été sa vie durant fidèle à Jacques Chirac, sans qui il n'aurait sans doute pas mené la carrière qui fut la sienne. Chirac lui a en effet tout donné de Matignon à un parti à sa main avec l'UMP sans oublier la mairie de Bordeaux avec la bénédiction de Chaban-Delmas. En contrepartie, il est vrai, Alain Juppé a assumé devant la Justice, à la place de son mentor, les erreurs de la mairie de Paris. Philippe Séguin, lui, a toujours manifesté sa liberté vis-à-vis de Chirac et, ce, dès son entrée au Palais Bourbon en 1978, lorsqu'il vota Chaban pour la présidence de l'Assemblée en dépit des consignes contraires de la part du chef du RPR. Sa vision de la fidélité n'a jamais pris en compte les contingences politiques, au risque parfois de s'aliéner quelques soutiens. Philippe Séguin n'appartint pas au cercle des inconditionnels de Jacques Chirac, mais il ne se résolut jamais, pour autant, à l'abandonner. En 1995, il fut même l'un des seuls à le soutenir quand tant d'autres le trahissaient sans état d'âme. Charles Pasqua raconte dans ses mémoires que même Alain Juppé caressait l'idée de rallier Balladur, tentant de convaincre un Jacques Chirac esseulé, de renoncer à une défaite programmée. Séguin, par esprit de contradiction mais surtout rejet viscéral du projet politique balladurien, galvanisa la campagne de Chirac. Et sans doute aussi parce qu'il était incapable de tourner le dos à Chirac, pour qui il nourrissait des sentiments ambivalents. S'il avait conscience des limites du personnage[12], il y voyait néanmoins une figure tutélaire quelque part entre le père et le grand frère. On raconte même qu'il fondit en larmes le

---

[12] Jacques Chaban-Delmas avait eu cette sentence à propos d'une promesse que lui avait faite Jacques Chirac et qu'il ne respecta pas : « Ce n'était pas très habile de fonder des espérances sur les promesses de Chirac ».

jour où Chirac désigna Juppé comme « le meilleur d'entre nous ». Ce sentiment à l'égard de l'ancien Président de la République, il le résume dans ses mémoires. Racontant, un voyage officiel en Tunisie où Chirac lui proposa de visiter l'appartement dans lequel il avait grandi à Tunis, Séguin écrit : « Il eut alors un de ces gestes spontanés qui font que, même au plus fort du plus profond des désaccords, on peut éprouver de l'hostilité (raisonnée) mais jamais de l'antipathie pour cet homme-là »[13].

Chirac, lui, ne comprend pas l'indépendance de Séguin, et dit à son endroit, avec regret, « il est séguiniste ». Si le constat n'est pas fondamentalement faux, il illustre la vision d'un monde politique où prédominent les rapports de vassalité et les ambitions personnelles. Or, rien n'est plus étranger à Séguin que cette vision féodale de la politique où il se faut trouver un protecteur pour assurer son ascension. D'ailleurs, comme Cyrano, Philippe Séguin aura une propension naturelle à se faire davantage d'adversaires que d'alliés. Défendre ses idées est l'unique but de sa vie politique, et faire l'aumône pour obtenir un poste n'a jamais été envisageable. Il écrit ainsi dans ses mémoires : « On se perdra en conjectures sur mon compte, en se demandant à mon propos : « Mais que veut-il, que doit-on lui donner pour qu'il se calme ? » Alors que, précisément, c'est contre cette

---

[13] Philippe Séguin, *Itinéraire dans la France d'en bas, d'en haut et d'ailleurs,* *op.cit.*, p.37

manière de concevoir le monde, la vie et l'action que j'ai été élevé, que je me suis engagé »[14].

Avant toute chose Philippe Séguin s'est engagé dans la vie publique pour défendre la France. Beaucoup de femmes et d'hommes politiques clament la même chose, sans doute avec sincérité, mais chez Séguin cet attachement s'exprime de manière viscérale depuis sa plus tendre enfance. Il l'exprime, ensuite, avec une éloquence inégalée par ses contemporains. Mais ce qu'il défend c'est le patriotisme, non pas le nationalisme qu'il assimile à un égoïsme « pathologique ». La vision de la Nation qu'il défend est celle d'Ernest Renan du « plébiscite de tous les jours ». Elle est pour lui un vouloir vivre-ensemble qui exclut tout projet ethnique. Philippe Séguin connaît trop bien l'Histoire de France pour accorder un quelconque crédit aux projets essentialistes défendant les « Français de souche ». Pour parodier une de ses formules qu'il appliquait à la souveraineté, pour lui « on est Français ou on ne l'est pas, mais on ne l'est jamais à moitié ». Rien n'est plus étranger à sa pensée que cette volonté de l'extrême droite de catégoriser les Français. Comme il le dit dans son discours contre le traité de Maastricht : « la Nation ce n'est pas un clan, ce n'est pas une race, ce n'est pas une tribu. La Nation c'est plus fort encore que l'idée de patrie, plus fort que le patriotisme, ce noble réflexe par lequel on défend sa terre natale, son champ, ses sépultures. Car le sentiment national c'est ce par quoi on devient citoyen, ce par quoi on accède à

---

[14] *Ibid.*, p.40

cette dignité suprême des hommes libres qui s'appelle la citoyenneté ! »

Cette vision ouverte n'est pas tout à fait celle de ses alliés politiques du moment. Charles Pasqua et Philippe de Villiers ont une vision beaucoup plus droitière que la sienne. Ce dernier vient de la droite traditionnaliste et se situe, au fond, aux antipodes idéologiques de Séguin. Il y a en plus une volonté de leur part d'adresser une sanction à François Mitterrand, ce qui n'est pas l'ambition du tribun des Vosges. Premièrement parce que ce n'est pas l'objet de la campagne qui concerne l'avenir de la France, et doit dès lors se placer au-dessus des contingences politiciennes. Et peut-être aussi parce qu'il admire davantage François Mitterrand que quiconque dans son propre camp. Pour toutes ces raisons, il se sent quelque peu mal à l'aise dans cette campagne qu'il ne veut pas voir réduite à une opposition d'un souverainisme de droite à un européisme de gauche. Il y a chez Philippe Séguin ce souci de lier la question de la Nation à celle de la démocratie dans la plus pure tradition républicaine telle qu'elle est formulée en France depuis 1789. Et naturellement la notion qui fait le lien est la souveraineté : « De Gaulle disait : « La démocratie pour moi se confond exactement avec la souveraineté nationale. » On ne saurait mieux souligner que pour qu'il y ait une démocratie il faut qu'existe un sentiment d'appartenance communautaire suffisamment puissant pour entraîner la minorité à accepter la loi de la majorité ! Et la nation c'est précisément ce par quoi ce sentiment existe. Or la nation cela ne s'invente ni ne se décrète pas plus que la souveraineté ! »

Et dans ce discours, prophétique à bien des égards, Séguin d'affirmer : « Mais qu'on y prenne garde : c'est lorsque le sentiment national est bafoué que la voie s'ouvre aux dérives nationalistes et à tous les extrémismes !» La progression continue du Front national et sa confiscation du thème de la souveraineté ne peuvent qu'accréditer les propos de l'ancien président de l'Assemblée nationale. Mais d'une manière générale, l'extrême droite ne se nourrit que de ce qu'on consent à lui laisser. La Nation et la souveraineté hier, la laïcité aujourd'hui, avec toujours cette façon bien à elle de les dévoyer pour tenter d'imposer son monopôle sur la chose. Stratégie qui fonctionne en partie puisque l'on trouve toujours des bonnes âmes conspuant ces idées d'affirmer ensuite qu'elles avaient bien raison puisque l'extrême droite se met à les défendre.

A la différence de certains, chez Philippe Séguin, la défense de la Nation se couple toujours de celle de la République. Celle-ci n'est pas, pour lui, qu'une notion formelle, elle ne saurait se résumer à un simple synonyme du mot « démocratie » tel qu'on peut le comprendre chez de nombreux penseurs contemporains. Son analyse fait de la République l'aboutissement même de l'Histoire de France : « A chaque étape de notre histoire, il y a déjà ainsi un peu de la République comme il y en avait quand Napoléon faisait rédiger le code civil et qu'il disait : « Ma maxime a été la carrière ouverte aux talents sans distinction de fortune. » Il fallait passer par là pour qu'un jour il y eût vraiment la République et les philosophes et la Déclaration des droits et l'école de la République, pour que la France devienne ce pays si singulier dont Malraux disait qu'« il n'est jamais plus grand que lorsqu'il parle à tous les hommes» ». Pour lui, « la République n'est pas séparable de la Nation » car contrairement à beaucoup de ceux qui, à gauche principalement, vantent l'héritage de 1789, il n'a pas oublié que la Nation est précisément l'un des acquis principaux de la Révolution. Il est vrai qu'il avait un intérêt pour l'Histoire et le débat d'idées qui fait défaut à beaucoup de responsables politiques actuels.

On peut regretter que Philippe Séguin n'ait pas pu participer au débat sur l'identité nationale du fait de son devoir de réservé lié à sa fonction de premier président de la Cour des comptes. On ne peut qu'imaginer le discours qu'il aurait tenu. Peut-être aurait-il insisté sur la notion d'indépendance qui semble s'affirmer tout au long de l'histoire de France, du gallicanisme fondé par Philippe le Bel au refus des blocs prononcé par de Gaulle en passant par l'opposition à la mainmise des Habsbourg sur l'Europe. Peut-être aurait-il concentré son propos sur la vocation humaniste et universaliste de la France, affirmée avec tant d'éclat en 1789. Si l'on ne peut que se livrer à des conjectures à ce propos, nul-doute, en revanche, qu'il aurait apporté de la hauteur de vue à un débat qui en nécessitait désespérément.

La France, dans l'esprit de Philippe Séguin, apparaissait comme une madone à la bienveillance universelle. Et s'il arrive à Marianne de se fourvoyer, ce n'est pas elle qu'il faut blâmer mais ceux qui, par leurs décisions, trahissent son message humaniste et sa vocation universaliste. C'est pourquoi il n'admit pas que Jacques Chirac reconnaisse la responsabilité de l'État français dans l'exécution de la solution finale. S'il reconnaissait que des Français avaient participé à l'innommable, il ne pouvait se résoudre à ce qu'on y adjoigne le nom de la France. Car pour lui, Vichy avait trahi la France et tout ce qu'elle représentait. Elle était « l'anti-France ». La France, selon lui, se trouvait à Londres avec le général de Gaulle, elle se trouvait sur le territoire français partout où des femmes et des hommes résistaient à l'occupant. L'âme de la France, pour lui, c'était Lucie Aubrac, Jean Moulin ou Pierre Brossolette et non Déat, Laval ou Pétain. La France, pour lui, c'était surtout son père qui tombait sous les balles des nazis alors qu'il participait à la reconquête de la liberté du pays, mais certainement pas la bureaucratie de Vichy symbolisée par Maurice Papon. Beaucoup lui reprochèrent cette prise de position, y compris certains de ses amis juifs, ce qui le blessa. Il ne voulait heurter personne ni nier la réalité de ces crimes odieux, mais simplement défendre la France, comme un enfant essaye de protéger sa mère[15]. Ce refus de reconnaître la responsabilité de la France dans ces crimes fut

---

[15] De même que la polémique qu'il lança sur la réhabilitation des soldats fusillés pour l'exemple en 1917 ne peut être lue qu'à travers le souvenir de ce père qui est mort, les armes à la main, pour libérer la France.

partagée par tous les dirigeants politiques qui avaient participé à la Seconde guerre mondiale, François Mitterrand le premier. D'ailleurs, l'ancien président de l'Assemblée nationale ne manquait pas de rappeler que le général de Gaulle avait déclaré le régime de Vichy « nul et non avenu ». Chirac, qui, étant enfant pendant le conflit, disposait du recul nécessaire pour reconnaître la responsabilité de l'État français. Ce que Séguin n'avait peut-être pas.

La notion d'indépendance, Philippe Séguin la déclinait dans tous les pans de sa vie publique. C'est donc naturellement qu'il tint à affirmer l'autorité de chaque institution qu'il fut amené à diriger. Non par narcissisme transposé sur une personne morale, mais par souci de l'équilibre institutionnel, la démocratie ne pouvant vivre qu'avec de sérieux contre-pouvoirs. Pour être pérenne, la République doit s'appuyer sur des institutions fortes et le pouvoir exécutif être borné et contrôlé. D'où le souci constant d'affirmer les prérogatives de l'Assemblée nationale et, plus tard, de la Cour des comptes, mais aussi de paraître particulièrement pointilleux s'agissant des questions de protocole.

Sa présidence de l'Assemblée nationale marqua incontestablement les esprits. Il n'est qu'à voir certaines personnes y travaillant toujours et qui vous parlent de Philippe Séguin avec une certaine nostalgie. Il apporta à l'institution un éclat et une aura quelque peu entamés par l'affirmation toujours plus marquée du pouvoir exécutif sous la Vème République. La mesure la plus visible fut incontestablement l'invitation des chefs d'État et de gouvernements étrangers à prononcer un discours dans l'hémicycle. Le Roi d'Espagne inaugura le bal le 7 octobre 1993, plus de soixante-dix ans après le dernier discours prononcé par un chef d'État étranger devant les députés, Woodrow Wilson en 1919. Suivront, notamment Bill Clinton, le Roi du Maroc Hassan II et Fidel Castro. L'exercice redonne du prestige à l'Assemblée nationale mais valorise du même coup son président qui s'élève à la qualité d'interlocuteur des chefs d'État étrangers. Ce qui ne manque pas de gêner Édouard Balladur et le ministre des Affaires étrangères, Alain Juppé. D'autant qu'il est invité en retour à venir prononcer des allocutions, constituant une sorte de diplomatie parallèle qui ne peut qu'inquiéter au Quai d'Orsay. D'aucuns y voient, en outre, la volonté de la part de Séguin de se bâtir une stature internationale en vue d'échéances électorales à venir, ce qui agace quelque peu à droite.

Parallèlement, Philippe Séguin s'attache à améliorer l'efficacité et la visibilité du travail de l'Assemblée nationale. Une ambition qui se traduit par l'adoption de la session unique, la création d'un site internet et d'un canal Assemblée nationale pour diffuser les séances autres que les questions au Gouvernement, une modernisation de la formule de celles-ci pour gagner en spontanéité ou encore le raccourcissement des délais pour voter sur les scrutins solennels afin de lutter contre l'absentéisme parlementaire[16]. Sans oublier le lancement du Parlement des enfants. Il tient surtout à renforcer la fonction de contrôle de l'institution. Et il va s'impliquer personnellement dans cela en présidant lui-même la commission d'enquête sur le crédit lyonnais, en mettant sur pied des groupes de travail sur les rapports entre la politique et l'argent, et un autre sur la corruption[17] qu'il préside encore lui-même. Cette implication se traduit aussi sur la présidence des séances. Tandis que ses prédécesseurs se contentaient de présider deux à trois heures par semaine le temps des questions au Gouvernement et un peu au-delà, Séguin, lui, est au perchoir souvent durant l'intégralité des débats relatifs à un texte. Cette volonté d'affirmation de la fonction et de l'institution qu'il représente se vérifient également sur des détails protocolaires. Il n'hésite pas ainsi, lorsqu'il arrive dans l'hémicycle et qu'un ministre ne daigne pas se lever, à rester debout ostensiblement jusqu'à ce que le récalcitrant s'exécute. Nul orgueil de sa part, il dit volontiers s'en moquer à titre personnel. « Mais quand il est devant la représentation nationale, le Gouvernement doit lui marquer une déférence à laquelle il ne saurait être dérogé. » Et lui qui goûte généralement peu le décorum cérémonial de se justifier : « Se soumettre au symbole est un acte d'humilité. Passer entre une haie de gardes républicains, ne pas l'avoir fait avant d'avoir les fonctions, ne plus le faire

---

[16] Les députés ne peuvent plus alors voter que pour un autre député qui leur a donné leur délégation.

[17] Au grand dam d'Edouard Balladur, alors Premier ministre.

après, c'est la marque d'une soumission à un ordre supérieur, l'ordre républicain. »

En tant que Premier président de la Cour des comptes, à partir de 2004, Philippe Séguin a fait profiter cette institution de toute son aura lui conférant une exposition qu'elle n'avait jamais eu. La présentation de son rapport annuel était devenue un véritable événement médiatique qui tranchait avec le caractère austère de ses missions. Il ne put s'empêcher d'affirmer l'indépendance de la structure et l'émancipa de la tutelle du ministère de l'Économie et des Finances s'agissant de son budget. Séguin louait cette institution qui lui avait tant apporté. Il confie dans ses mémoires qu'il y fit l'apprentissage de la rigueur et de l'humilité, développant un sens aigu de l'exigence et de la précision. Force est de constater, qu'avec la disparition de Philippe Séguin, la Cour des comptes a perdu de son éclat. Non pas que Didier Migaud se révèle incompétent, mais il est compliqué de rivaliser avec le charisme de l'ancien président de l'Assemblée nationale.

Finalement, le seul poste où Philippe Séguin n'aura pas laissé une empreinte marquante est celui de ministre des Affaires sociales. Pourtant, sa fibre sociale en faisait un candidat idéal à droite. Hélas pour lui, ce bref passage dans ce ministère le vit surtout appliquer des mesures inspirées par d'autres, et dont il ne voyait pas forcément la pertinence, comme par exemple la suppression de l'autorisation administrative pour les licenciements. Il passa le plus clair de son temps à se battre contre le ministre de l'Économie, perdant, au passage, la plupart de ses arbitrages. Cette cohabitation avec Édouard Balladur le vaccina, et il refusa toute éventualité d'intégration à son gouvernement en 1993, en dépit de propositions intéressantes. Philippe Séguin n'aurait, de toute manière, pas supporter d'avaler des couleuvres en permanence.

Cet homme solitaire, qui ne détestait rien tant que de chasser en meute, n'hésita jamais à aller à contre-courant, déroutant jusque dans son propre camp. Il commença dès 1978 en introduisant une proposition de loi visant à abolir la peine de mort. Un combat qui n'était pas des plus populaires dans les rangs du RPR à l'époque. L'initiative échoua alors, mais ce ne fut que partie remise. Trois ans plus tard, il fit ainsi partie de la minorité de députés gaullistes qui votèrent en faveur de l'abolition de la peine de mort, en compagnie de Jacques Chirac notamment. Cette attitude à contre-courant se poursuivit tout au long de sa carrière. Roselyne Bachelot raconte ainsi que lorsqu'elle se prononça en faveur du PACS[18], de nombreuses personnalités du RPR demandèrent à Philippe Séguin de l'exclure du parti. Convoquée par lui dans son bureau, elle s'attend à ce que celui qui est devenu président du RPR la sanctionne. Mais

---

[18] Pacte civil de solidarité

contre toute attente, Philippe Séguin se borne à lui demander ce qu'elle compte dire à la tribune. Il prend alors connaissance de son texte et lui dit : « Ton début de discours est bien, mais on peut faire mieux. » Et il réécrit en partie l'allocution que Roselyne Bachelot prononça le lendemain dans l'Hémicycle. Elle fut la seule élue de droite à voter en faveur du PACS, Séguin s'abstenant. Ce qui était le maximum qu'il pouvait faire en tant que président du RPR. On voit bien ainsi, qu'il était de moins en moins en phase avec le parti qu'il présidait, tant du point de vue économique, que social ou sociétal. D'ailleurs, une fois retiré de la politique, il sera effrayé par le virage identitaire engagé par ses anciens compagnons.

Philippe Séguin avait l'esprit de contradiction très développé, ce qui, ajouté à une soif de liberté inextinguible, en faisait un président de parti contre-nature. S'il appréciait la solitude et pouvait faire tourner en bourrique ses amis du RPR, il savait aussi faire montre d'une grande solidarité. Ce fut le cas avec Charles Pasqua après la mort du jeune Malik Oussékine. Alors que la polémique enflait et que les rangs se dégageaient autour du ministre de l'Intérieur, Philippe Séguin lui afficha ostensiblement son soutien. Le geste fut d'autant plus remarqué que les deux hommes venaient d'horizons opposés, l'un représentant l'aile gauche du mouvement et sa fibre sociale, l'autre, l'aile droite et ses désirs sécuritaires. Cet acte fut la naissance d'une amitié et d'une alliance politique inattendues.

*

Comme à Cyrano, sa soif d'indépendance joua des tours à Philippe Séguin. Sa liberté était incomprise dans un monde où régnait l'esprit de cour et l'obséquiosité. Sans doute eût-il mené une carrière politique plus aboutie s'il s'était contenté de rentrer dans le rang et d'acquiescer à tous les projets de Jacques Chirac. Mais le personnage aurait indéniablement perdu de sa saveur.

3. Un homme intransigeant

Ce 11 mars 2001, après une campagne chaotique, Philippe Séguin conserve encore un mince espoir d'emporter la Mairie de Paris. Mais cela passe par une fusion avec les listes de Jean Tibéri, l'homme qui fait voter les morts. Ses soutiens le conjurent de s'y résoudre. Mais Séguin ne peut l'admettre, et ce n'est certainement pas Jacques Chirac, qui pousse à l'accord depuis l'Elysée, qui le fera changer d'avis. Celui-ci, en refusant de l'appuyer face à un Tibéri décrédibilisé par les affaires, a ruiné la dynamique de sa campagne. Si bien que Philippe Séguin a fait le deuil de la victoire voilà déjà quelques mois, au grand dam de ses soutiens. Il se moque royalement de ses alliés qui l'implorent de limiter la casse arguant qu'il est encore possible de conserver certaines mairies d'arrondissement voire de remporter l'Hôtel de ville. Lucide, Séguin sait que le scrutin est plié et que la gauche va l'emporter au second tour. Il se montre donc implacable face aux caciques de la droite parisienne. On ne transige pas avec la morale en politique, surtout pas pour quelques strapontins. Il préfère assumer un énième revers électoral que de s'allier à celui qui représente tout ce qu'il abhorre[19] : le népotisme, la triche, la malhonnêteté. Plutôt la défaite que la compromission !

Ce refus de transiger sur l'essentiel a été une constante dans la carrière de Philippe Séguin. Ce fut déjà le cas lors des élections régionales de 1998 où il mit un point d'honneur à refuser toute alliance avec le Front national. Et si le RPR ne s'est jamais compromis avec le parti de Jean-Marie Le Pen, il le doit en grande partie à l'intransigeance de son président d'alors[20].

Arrivé à la tête de la formation gaulliste après le désastre de la dissolution, Philippe Séguin annonce, avant d'entamer la campagne pour les régionales, qu'il ne tolérera aucune alliance avec le parti d'extrême droite. Il se veut d'autant plus ferme qu'il sent à la base du RPR des militants aux idées proches de celles du FN et certains élus tentés de s'accorder un bol d'air électoral en abolissant la frontière politique avec ce parti. Pour dissuader toute tentative en ce sens, il exclut du mouvement un Jean-François Mancel coupable d'avoir appelé de ses vœux une alliance avec le

---

[19] Nathalie Kosziusko-Morizet n'aura pas autant de scrupules en 2014 puisqu'elle consentira à la fusion avec les listes Tibéri pour conserver la mairie du Vème arrondissement.
[20] A noter que Jacques Chirac et Alain Juppé ont aussi contribué à cette étanchéité entre le RPR et le FN. Sans oublier Michel Noir et sa fameuse formule : « il vaut mieux perdre une élection que de perdre son âme ».

Front national et remet à sa place, au passage, Eric Woerth qui soulève l'opportunité d'une alliance dans l'hypothèse où un communiste pourrait présider une région. Pour Philippe Séguin, le refus de l'extrême droite va de soi. Pour l'enfant qui a grandi à Tunis en compagnie de camarades de toutes origines, la xénophobie et le racisme du parti de Jean-Marie Le Pen sont inacceptables. S'allier à l'extrême droite serait, en outre, un non-sens historique dans la mesure où le gaullisme s'est bâti contre elle, aussi bien pendant la Seconde guerre mondiale contre le pétainisme et le nazisme, que lors de la guerre d'Algérie contre l'OAS. Mais ces arguments sont souvent de peu de poids face à l'ambition de certaines personnes.

Si aucun président de région RPR n'est élu grâce aux voix d'un Front national qui se fait un malin plaisir de semer la zizanie au sein de la droite, certains n'ont pas autant de scrupules à l'UDF tels Charles Million, Charles Baur, Jacques Blanc, Bernard Harang et Jean-Pierre Soisson. L'autre enjeu pour Séguin est d'interdire, ensuite, toute participation d'élus RPR à ces exécutifs, sans pour autant parvenir au résultat escompté dans tous les cas. Comme il l'écrivit dans ses mémoires : « La perspective d'un titre, d'une automobile et de quelques milliers de francs supplémentaires par mois est, trop souvent à mon gré, la plus forte »[21]. Il constate alors amèrement que tout le monde ne

---

[21] Philippe Séguin, *Itinéraire dans la France d'en bas, d'en haut et d'ailleurs*, *op.cit.*, p.487-488

partage pas l'ambition qu'il a pour la France, le gaullisme et la politique en général.

Est-ce à dire que Philippe Séguin ne nourrit aucune ambition personnelle ? Certainement pas. S'il méprise les hochets, il désire plus que tout qu'on le reconnaisse à sa juste valeur, qu'il estime très élevée. Ce que Jacques Chirac ne fera jamais, lui préférant un Alain Juppé plus discipliné. Philippe Séguin a de l'ambition, beaucoup même. Mais pour l'assouvir, il n'est pas prêt à se salir ni à se déshonorer. La fin ne justifie pas les moyens. Dans sa dernière lettre, son père lui a d'ailleurs bien dit d'être toujours loyal, honnête et courageux. Alors, il s'y conforme. Et puis, il est trop intègre intellectuellement et trop fier pour accepter de telles humiliations. La légende veut d'ailleurs que Jacques Chirac dise de lui : « Séguin était tellement intègre qu'au RPR, on ne pouvait plus lui faire confiance ». D'ailleurs, au moment de l'affaire des emplois fictifs du RPR en 1998, le siège du parti fut perquisitionné. Les policiers emportèrent de nombreux documents mais il en restait d'autres à fournir à la Justice. Lors d'une réunion informelle, des proches de Chirac demandèrent à Séguin de détruire les pièces en question au motif qu'ils n'étaient pas tenus légalement de les avoir conservés. Abasourdi par cette requête qui revenait ni plus ni moins à détruire des preuves, Philippe Séguin congédie tout le monde et, dès le lendemain, adresse les pièces en question à la Justice. Quelques semaines plus tard, Alain Juppé est mis en examen, Jacques Chirac bénéficiant, lui, de son immunité. S'il est peu probable que les documents en question aient servi à la mise en examen de l'ancien Premier ministre, Chirac ne pardonna jamais ce geste à Séguin.

Cette droiture l'amena également à refuser en 1993 les propositions d'Edouard Balladur, à un moment où il n'était pas encore question de postuler au Perchoir. Il est impossible, pour lui, de participer à un gouvernement appliquant une politique libérale qu'il ne cautionne pas. Il le fit pourtant entre 1986 et 1988. L'un des seuls moments, probablement, où il fut contraint de transiger quelque peu. Il songea à démissionner trois fois, notamment au sujet du projet de loi supprimant l'autorisation administrative de licenciement. Mais à chaque fois, Jacques Chirac le convainc de rester. Mais voilà, Balladur n'est pas Chirac. Et en contrepartie de cette loi, qu'il défendit loyalement, Séguin obtint de Chirac la création d'un dispositif d'aide aux salariés licenciés contre l'avis du ministre des Finances. Une petite victoire, mais parmi tant de défaites… Dans un gouvernement Balladur, c'est Balladur qui arbitrerait, ce qui condamnerait le gaulliste social qu'il est à avaler les couleuvres de façon quasi-permanente. Et Philippe Séguin a beau avoir un appétit gargantuesque, il est des choses qu'il peine à digérer. Alors poliment, il refuse la proposition qui lui est faite d'un ministère de l'Equipement. Balladur se dit que la première offre était sans doute un peu légère pour celui qui dirigea un grand ministère des Affaires sociales, et ajoute donc des nouvelles compétences. Séguin décline à nouveau, réitérant ensuite les refus à mesure que les propositions se font plus généreuses. Balladur souhaite probablement museler celui dont le verbe peut être ravageur. Et il n'est finalement pas de meilleur moyen pour atteindre ce but que de l'intégrer à son gouvernement. Cela a fonctionné en 1986 avec Chirac. Mais Séguin se montre inflexible. Il dira d'ailleurs dans ses mémoires : « Que l'on refusât d'entrer au Gouvernement pour cause de convictions était visiblement nouveau pour lui »[22].

Museler Séguin aurait arrangé Balladur. Sans doute, son destin en aurait-il été transformé. Devenu Président de l'Assemblée nationale, Philippe Séguin est, en effet, le principal poison d'un Premier ministre disposant de la plus grande majorité parlementaire de la Vème République : près de 500 députés sur 577. L'opposition de gauche étant inaudible dans un second septennat mitterrandien crépusculaire, c'est Philippe Séguin qui se charge de balancer les scuds. Et son opposition, il la lance dès son discours d'investiture dans lequel il prévient le Premier ministre qu'il n'entend pas condamner l'Assemblée nationale à n'être qu'une chambre d'enregistrement. Il signifie au locataire de Matignon qu'il attachera un grand soin à ce que les députés effectuent un contrôle plus efficace de l'action gouvernementale. Les propos interpellent un peu, mais l'épisode qui marque le plus les esprits est la fameuse évocation d'un « Munich social ». A l'occasion d'un

---

[22] *Ibid., p.408*

colloque[23] au Sénat, le Président de l'Assemblée nationale assimile les politiques monétaristes en vogue en Occident à un renoncement à endiguer le chômage pour préserver une inflation contenue. « En réalité, et je pèse mes mots, nous vivons depuis trop longtemps un véritable Munich social (…) Nous retrouvons sur la question du chômage tous les éléments qui firent conjuguer en 1938 la déroute diplomatique et le déshonneur : aveuglement sur la nature du péril, absence de lucidité et de courage, cécité volontaire, silence gêné, indifférence polie à l'égard de générations d'exclus ». Et d'achever, assassin : « Non, il n'est pas vrai que la lutte contre le chômage soit, comme on nous le dit, la priorité des politiques conduites par les pays développés. »

Les propos ne visent pas directement Edouard Balladur, certes, mais personne n'est dupe, dès lors que celui-ci poursuit précisément la politique du franc fort dénoncée, ici, implicitement. Le choc est d'autant plus rude pour le Premier ministre qu'il n'est pire insulte dans la politique française que cette expression, exceptée, sans doute, celle de « collabo ». L'attaque trouble aussi à droite jusqu'à son fidèle Fillon, membre du Gouvernement, et condamné à des pirouettes pour ne pas lâcher son mentor tout en respectant la solidarité gouvernementale. Les autres membres de la majorité remettent en cause la pertinence de leur vote à la présidence de l'Assemblée nationale pour un

---

[23] Il est intéressant qu'à l'époque, un débat public de premier plan pouvait s'initier à partir d'un colloque. Une chose qui paraîtrait incongrue à l'heure des réseaux sociaux et des chaines d'infos en continu.

homme qui semble finalement partager peu de choses avec eux. Incontestablement, le discours sur la « Fracture sociale » nait à ce moment. Et si pour beaucoup, le choix du candidat soutenu au sein du RPR pour 1995 relève de l'opportunisme et de la tactique, celui de Philippe Séguin est la preuve d'un choix politique, voire idéologique, réfléchi. D'autant qu'il n'a aucune dent personnelle contre Edouard Balladur. Certes, ils ne viennent pas du même monde, mais Philippe Séguin conserve un bon souvenir de son travail sous ses ordres à l'Elysée lors du mandat de Georges Pompidou. Il souligne également le courage, l'abnégation et la gestion extraordinaire du Secrétaire général de l'Elysée d'alors, au moment de la maladie du Président de la République. On ne trouve pas trace de pareil éloge de sa part à propos de Jacques Chirac. Pourtant, à un François Fillon qui le presse de soutenir le favori des sondages, arguant que Chirac n'a jamais rien fait pour eux, Séguin ne peut se résoudre à soutenir Edouard Balladur. Les idées d'abord, la politique politicienne ensuite, ou plutôt jamais ! D'ailleurs, Philippe Séguin a toujours été un piètre tacticien. C'est là le défaut des personnes talentueuses : elles se montrent toujours mauvaises dans les choses qu'elles détestent. Si bien qu'il ne chercha jamais à constituer ses partisans en véritable courant pour peser au sein du RPR. C'est François Fillon et Etienne Pinte notamment qui le firent malgré l'indifférence de leur chef. Au fond, Séguin avait autant de mépris que le général de Gaulle pour « l'intendance ». La politique française manquait déjà de grandeur à ses yeux pour ne pas s'immiscer, en plus, dans la médiocrité de la tambouille politicienne.

En obtenant le perchoir, Philippe Séguin trouve, indubitablement, le poste qui sied le mieux à son besoin de liberté. Il y démontre un sens de l'impartialité qui désoriente quelque peu ses amis politiques. Pour beaucoup, le chauvinisme partisan s'impose d'autant plus que la gauche a été laminée en 1993. Le désir de revanche apparait dans beaucoup d'esprits. Séguin, lui, fait précisément le raisonnement inverse. L'opposition est si faible numériquement (70 députés sur 577 environ) qu'elle doit être protégée de la domination outrageuse de la majorité pour que le jeu démocratique fonctionne correctement. Et si ses amis politiques bougonnent un peu, ils se plient à la volonté d'un Président qui sait se faire respecter. L'autorité naturelle qu'il dégage en impose à des députés qui connaissent son tempérament volcanique. Une collaboratrice socialiste de l'époque nous raconta que, lors d'une séance présidée par l'un des vice-présidents, les députés se montraient particulièrement indisciplinés, transformant l'étude d'un projet de loi en véritable kermesse. Devant le manque de maîtrise du président de séance, quelqu'un se décida à faire appeler Philippe Séguin pour rétablir un peu d'ordre et poursuivre convenablement le débat. Au bout de quelques minutes, le député des Vosges, la mine renfrognée d'avoir été dérangé, pénètre dans l'hémicycle et, à sa seule vue, les députés cessent immédiatement leur chahut, un peu comme si le maître avait sonné la fin de la récré. Impossible de dire à quel point cette anecdote a pu être exagérée au fil du temps[24], mais elle souligne, néanmoins, le respect, pour ne pas dire la peur, que suscitait Philippe Séguin parmi ses pairs.

Plus d'une personne craignait les colères olympiennes de ce colosse dont la voix de basse amplifiait l'impression suscitée par son physique gargantuesque. Les anecdotes sur ses colères sont légions, constituant ainsi un mythe où il est difficile de discerner ce qui est authentique de ce qui relève de la légende. D'aucuns racontent volontiers les cendriers qui volaient, d'autres les chaises et les tables cassées, sans oublier la variation des noms d'oiseaux proférés. Dans ses accès de colère, qui ne duraient jamais bien longtemps, Séguin pouvait aussi se montrer blessant envers ses collaborateurs. Beaucoup se demandaient d'ailleurs comment Bernadette Malgorn, sa fidèle collaboratrice, pouvait supporter ses colères, parfois humiliantes. Typiquement méditerranéen, il pouvait s'adresser cinq minutes plus tard à la personne qu'il avait engueulée, avec la plus grande gentillesse, comme si rien ne s'était passé. Si ces accès de colère sont légendaires, beaucoup de personnes qui l'ont côtoyé racontent pourtant ne l'avoir jamais vu s'énerver. En réalité, seuls ses collaborateurs, les hommes politiques et, parfois, les journalistes, essuyaient ses foudres. Jean-François Copé dit

---

[24] Dans un documentaire diffusé sur France 2, Roger Karoutchi raconte une anecdote similaire. Ce qui tendrait à en attester l'authenticité.

ainsi de lui : « Il y a des jours où j'aurais voulu qu'il disparaisse à cause de sa façon de me parler ».

Séguin, en réalité, se fout de plaire à ses collègues. Il se fait même une spécialité de trouver formules et surnoms assassins à un degré proche du suicide politique. Jacques Chirac et Valéry Giscard d'Estaing se voient ainsi affubler du surnom de « grand con »[25], Edouard Balladur de « chiffe mol » quand Nicolas Sarkozy est appelé « le petit cinglé ». Il n'hésite pas non plus, lorsqu'il est président du RPR et en pourparlers avec François Bayrou, à lui asséner dans un langage fleuri : « Ton estime, tu peux te la carrer au cul ! » Lorsqu'il déteste quelqu'un, Philippe Séguin ne feint pas de l'apprécier. On le voit ainsi, dans le documentaire que Serge Moatti lui consacre, seul avec Alain Juppé à la mairie de Bordeaux. L'ambiance est glaciale, les deux hommes se tenant près d'un buffet, dégustant des amuse-gueules, buvant leur verre de vin sans s'adresser le moindre regard. Ils n'échangent pas une quelconque parole et n'ont, au fond, rien à se dire. Ils affichent même un masque, ne cherchant même pas à faire illusion devant la caméra. La scène a au moins le mérite de l'honnêteté[26], quand tant d'autres se prennent dans leurs bras face caméra pour mieux se planter les poignards une fois les journalistes partis. Face à ce

---

[25] Jacques Chirac répliquant en appelant Philippe Séguin le « gros con », Alain Carignon étant le « petit con » et Michel Noir « le grand con ». C'était à l'époque des rénovateurs.

[26] Edouard Balladur fit montre aussi d'honnêteté en refusant d'assister aux obsèques de Séguin qu'il n'appréciait pas, accusant la plupart des présents « d'hypocrisie ».

comportement kamikaze, il n'est pas tout à fait étonnant que Jacques Chirac ait des scrupules à accorder sa confiance à un homme qui n'hésite pas à le traiter de « grand con » devant d'autres compagnons[27] du RPR. Là est tout le paradoxe de Philippe Séguin : cette liberté de ton s'accompagne d'une loyauté indéfectible, quand on observe généralement l'inverse dans l'univers politique. Celui qui affirma dans les années 80 « s'il devait n'en rester qu'un autour de Jacques Chirac, je serais celui-là » réalisa presque cette prophétie, puisqu'il fut l'un des seuls à le soutenir au moment où tous, ou presque, ralliaient le favori des sondages. Mais malheureusement pour Philippe Séguin, en politique l'être est moins important que le paraître. Il vaut mieux souvent afficher sa fidélité que de la prouver par ses actes.

Si le député des Vosges peut se révéler terrible avec ses collègues, odieux, parfois, avec ses collaborateurs, il est, en revanche, toujours bienveillant envers les citoyens. Et à l'inverse de ses pairs, il ne joue pas un rôle, il n'a pas à « faire peuple » puisqu'il en vient. S'il n'a pas le contact aussi facile que Jacques Chirac, que son goût pour la solitude ressort quelques fois de manière évidente au milieu d'une foule, Philippe Séguin se montre toujours sincère et attentif aux gens « ordinaires ». Il se sent parmi eux, au fond, davantage à sa place que dans le monde de requins dans lequel il navigue au quotidien. Une anecdote illustre ce

____

[27] Le terme « compagnon » est l'équivalent de « camarade » chez les gaullistes.

sentiment. Alors qu'il se trouve aux Etats-Unis pour suivre les jeux olympiques d'Atlanta, un avion s'écrase, tuant plusieurs dizaines de Français. Présent à l'aéroport JFK de New-York, Philippe Séguin, qui se montre généralement si pudique et réservé en public, passe la journée à consoler les familles, prenant dans ses bras les personnes qui en éprouvent le besoin, écoutant les autres se confier auprès de son oreille compatissante, et tentant de trouver les paroles réconfortantes qui pourraient atténuer leur douleur.

*

Philippe Séguin aurait pu être un héros d'Alexandre Dumas. Grave comme Athos, ambitieux et attaché au service de la France comme d'Artagnan, mais aussi loyal et candide comme Porthos. Il n'y a qu'avec le précieux et opportuniste Aramis qu'il ne partage aucun trait de caractère. Mais c'est surtout avec l'écrivain lui-même, qu'il partage quelque chose de particulier, à savoir un rapport douloureux au père. Celui d'Alexandre Dumas, général de la Révolution et fervent républicain, abandonné de tous sous l'Empire, nourrit incontestablement l'œuvre de l'écrivain. On retrouve clairement sa représentation dans *Le Comte de Monte-Cristo* et dans la figure herculéenne de Porthos. L'influence du père du député des Vosges a aussi été grande sur la carrière du fils, y compris tard dans sa vie. Ainsi, Philippe Séguin refusa-t-il en 2002 qu'on lui attribue la légion d'honneur. Nul mépris de sa part pour une décoration décernée d'une façon de moins en moins sélective. Aucun désir non plus de la refuser ostensiblement de manière à alerter les médias de son désintérêt pour les récompenses, comme aiment à le faire de si nombreuses personnalités. Non, la véritable raison était que son père, mort au combat, ne l'avait jamais reçue. Il ne s'estimait donc pas digne de la porter. L'exigence chez lui a toujours été haute, quelle que soit la chose visée. Exigeant, il l'était avec les autres, ce qui explique en partie ses colères, mais il l'était davantage encore avec lui-même. Après tout, de Gaulle ne disait-il pas que « le talent est un titre de responsabilité » ? Et c'est pourquoi il méprisait tant de gens en politique, toutes ces personnes capables de réfléchir par elles-mêmes mais qui s'abandonnaient si facilement à la pensée des autres par ambition ou simple conformisme. Et une chose l'agaçait plus que tout, la médiocrité ambiante. Jacques Attali raconte ainsi que lors des conseils des ministres sous la cohabitation, Séguin lui faisait parvenir des mots sous la table pour dire « combien il était conscient de la médiocrité des autres participants » ajoutant qu' « il ne la supportait pas ». Ah si seulement, Séguin avait vécu sous la Révolution, la Résistance ou les débuts de la Vème République ! Il aurait pu être un grand tribun de 1789, un héros de la Libération ou le fidèle grognard du général de Gaulle ! Au fond, le problème de Philippe Séguin, c'est qu'avec un tempérament comme le sien et l'intransigeance qu'il professait, il eût fallu, pour qu'il joue les premiers rôles, qu'il vive lors d'une période exceptionnelle, seuls moments où les personnes de sa trempe peuvent s'imposer.

4. L'éloquence

« Oh ! pouvoir exprimer les choses avec grâce ! »

Cyrano de Bergerac, Acte II, scène X[28]

Ce 18 mai 1993, un silence lugubre règne dans l'Hémicycle, interrompu simplement par la voix grave et chaleureuse de Philippe Séguin. Deux semaines plus tôt, Pierre Bérégovoy a mis fin à ses jours après la débâcle de la gauche aux élections législatives et une campagne médiatique qui a jeté un doute sur sa probité. Les polémiques et autres théories du complot sont apparues très rapidement empêchant de rendre un hommage désintéressé digne de l'ancien Premier ministre. François Mitterrand a ainsi attaqué les journalistes coupables d'avoir « livr[é] aux chiens l'honneur » de Pierre Bérégovoy « et finalement sa vie » quand d'autres accusent le Président de la République d'être à l'origine d'un plan machiavélique destiné à réduire au silence l'ancien collaborateur de Pierre Mendès-France.

Ce jour-là, du haut de son perchoir, Philippe Séguin s'attache, dans l'éloge funèbre qu'il prononce, à rendre hommage à la mémoire de Pierre Bérégovoy en saluant son œuvre sans prêter attention aux polémiques entourant son

---

décès. « Ne commentons pas plus avant cette mort voulue dont la vérité dernière nous échappe et nous dépasse. Il y a eu assez d'exégèses de cette mort brutale, assez d'hypothèses agitées, de théories répandues et de certitudes assénées pour ne pas en ajouter de nouvelles. Ce n'est pas seulement la mort de Pierre Bérégovoy, qui doit parler, c'est sa vie. Sa vie placée, a tant d'égards, hors de toutes les séries. » L'allocution qu'il prononce alors restera comme l'un de ses discours les plus brillants et probablement comme l'un des plus beaux textes sur l'engagement politique. Philippe Séguin est d'autant plus à l'aise dans l'exercice qu'il retrace la vie d'un homme qui, comme lui, n'avait pas grand-chose et s'est élevé au mérite jusqu'à occuper les plus hautes responsabilités de la République. Le discours est d'autant plus poignant qu'il y délivre un message universel sur les vertus de l'engagement tout en rendant hommage à la vie d'un homme. « Préservons aujourd'hui le mystère du geste qui brisa cette vie. De ce geste qui renvoie chaque Française et chaque Français à ses propres interrogations comme il nous renvoie à nos doutes les plus intimes. Conservons pour nous-mêmes la méditation qu'il nous impose sur, la part d'ombre, les épreuves et les espoirs trompés qui jalonnent la vie d'un homme public, sur les exigences terribles et l'engagement entier qu'appelle parfois le service de la Nation, très loin de l'ironie facile ou des sourires entendus dont on accable trop souvent ce choix. » Plus de vingt ans après, ces paroles conservent toute leur justesse, à l'heure où des militants politiques sincères, de tout bord, subissent le mépris quasi généralisé du fait du comportement condamnable de quelques-uns. Philippe Séguin poursuit son éloge en célébrant la République et ses vertus méritocratiques. « Sa famille était modeste. C'est peu dire que rien ne le prédestinait à devenir un jour Premier ministre. Circonstance probablement aggravante, l'origine ukrainienne de son père, ancien capitaine de l 'armée du tsar. Enfant, il n'était pas simplement, comme on l'a dit, « le petit chose » ; il était surtout le petit Russe », comme le lui rappelaient parfois cruellement certains de ses camarades d'école. Rien ne le prédestinait, ai-je dit après d'autres, à atteindre les sommets de l'Etat. Peut-être ! Mais nous sommes en France et nous sommes en République. De la République, qui allait se régénérer dans la Résistance, Pierre Bérégovoy aurait, toute son existence durant, le culte chevillé au corps. (…) Car c'est bien la République qui permit que tout soit conquis par celui à qui il avait été si peu donné, si peu, hormis l'essentiel, à savoir le courage, la fermeté et une volonté inébranlables. » Si Philippe Séguin parle bien de Pierre Bérégovoy, comment ne pas tracer un parallèle avec son propre parcours ? Le jeu des ressemblances se poursuit d'ailleurs tout au long du discours : « Cette ascension paraît d'autant plus prodigieuse qu'aucune froide ambition ne semble l'animer. Pierre Bérégovoy s'est élevé sans l 'avoir calculé ou programmé. Non, il s'est élevé en l'ayant simplement mérité. » Ou encore : « Il y a certainement chez cet homme, d'une absolue fidélité envers les siens, un authentique refus du compromis. » Et comment ne pas lire dans ce passage l'attitude qui fut toujours la sienne en politique : « Cette ambition ne lui apparaissait pas contradictoire avec l'adoption de positions courageuses qui n'étaient pas nécessairement en phase avec les sentiments immédiats de l'opinion, pas davantage qu'elles ne l'étaient avec les choix spontanés de nombre de ses amis ».

Mais l'hommage qu'il rend à l'ancien Premier ministre n'est pas un prétexte pour se glorifier comme le font souvent les dirigeants politiques. Si le discours évoque beaucoup des choses chères à Philippe Séguin, l'explication provient surtout du hasard (du destin ?) qui a voulu que l'éloge funèbre de l'un soit prononcé par l'autre, comme dix-sept ans plus tard, ce même hasard, conférera à François Fillon le terrible honneur de prononcer l'éloge funèbre de son mentor. Dans ce texte, Philippe Séguin réussit à prendre de la hauteur pour que l'évocation du parcours et de la vie d'un homme parle à tout le monde : « Au-delà de nos propres querelles, le destin de Pierre Bérégovoy nous renvoie à notre condition d'homme public, à ce qui en fait à la fois la grandeur et la misère. (…) Chacun d'entre nous vient à la vie publique avec ses convictions et son enthousiasme. Chacun d'entre nous se trouve, un jour ou l'autre, contraint d'en rabattre, confronté à des contraintes qui nous enserrent, des pesanteurs qui nous broient, des solidarités ou des disciplines qui nous mutilent. Notre liberté n 'est jamais que conditionnelle ou surveillée. Notre initiative est toujours limitée. Et pourtant tout demeure possible à condition de comprendre la nécessité d'adapter nos pauvres certitudes aux réalités d'un monde en mutation constante. A condition de conjuguer fidélité et sincérité. L'honneur de Pierre Bérégovoy réside dans cette double exigence que constituaient à ses yeux la fidélité à ses convictions et la sincérité dans l'action. Double exigence qui s'impose à chacune et à chacun de nous et qui demeure l'ultime critère. D'ailleurs, le seul jugement qui vaille n'est-il pas en définitive celui que nous formulons nous-mêmes ? Que nous croyions ou non dans le jugement de Dieu, nous ne savons que trop ce que vaut le jugement des hommes. Ne nous faisons guère plus d'illusion sur le jugement de l'Histoire, car elle est également écrite par eux. Non, seule importe l'idée que nous nous faisons de notre fidélité et de notre sincérité. Nul n'aurait pu faire grief à Pierre Bérégovoy de s'estimer quitte. Une terrible conjonction de circonstances aura pu conduire à pousser plus loin son exigence. Comme l'ensemble des Français, nous en éprouvons une émotion et un chagrin immenses. Du moins Pierre Bérégovoy aura-t-il imposé à tous, par son geste, de considérer à tout jamais qu'il était en règle avec lui-même ». Après un tel discours, celui prononcé par Edouard Balladur ne pouvait apparaître que bien fade. Non pas que la plume qui a œuvré à la rédaction du texte soit mauvaise, mais il était quasiment impossible de rivaliser avec celle de Philippe Séguin sur un sujet et un parcours qui l'inspiraient tant.

Ce chef d'œuvre de l'éloquence parlementaire constitue le chant du cygne « d'une saveur perdue »[29] sous

---

[29] Michel Mopin, « D'une saveur perdue : l'éloquence parlementaire depuis 1958 », *Pouvoirs*, n°91, 1999

la Vème République. Philippe Séguin, lui-même, regrette la disparition de cet art dans les travées du Palais Bourbon. C'est d'ailleurs l'une des premières choses qui le frappent lors de ses premiers débats à l'Assemblée nationale en 1978. Seul trouve grâce à ses yeux François Mitterrand. Si les députés se veulent les lointains successeurs de ceux de 1789, ils n'ont visiblement hérité que du titre, l'éloquence n'étant, quant à elle, qu'un lointain souvenir. Dès la fin des années 70 les émissions politiques et les JT ont supplantés la discussion parlementaire dans l'élaboration du débat public. Alors, les élus se permettent de bâcler leurs allocutions qui sont souvent davantage destinées à la télévision qu'au public immédiat. Dans un tel contexte, Philippe Séguin, avec son style baroque, apparait presque anachronique. Il semble être le produit d'une singularité temporelle qui l'aurait transporté directement depuis la IIIème République. Il avouera n'avoir jamais réussi à s'adresser à la fois au public de l'assistance et aux caméras comme le faisait si bien François Mitterrand. Il est d'autant plus mal à l'aise que les médias résument bien souvent une longue intervention en un passage de vingt secondes sans toujours prendre la peine de choisir l'extrait le plus éloquent. Une chose qui l'agace profondément puisque le message apparait sinon dévoyé, du moins quelque peu travesti.

Si on ne trouve pas d'intervention à ce sujet, on peut imaginer sa consternation face à un débat public qui prend place désormais sur les chaines d'info en continu et les réseaux sociaux. On l'imagine mal, en effet, poster des selfies sur Instagram, « clasher » un adversaire sur Twitter ou s'amuser à chasser les pokémon en exhibant fièrement sa réussite sur Facebook[30]. Philippe Séguin n'avait rien de commun avec cette manière de faire de la politique, si vulgaire et caricaturale. A Georges-Marc Bénamou qui l'interrogeait sur une participation éventuelle à un gouvernement sous Nicolas Sarkozy, il répondit d'ailleurs lapidaire : « vous m'imaginez au milieu de tout ce ramassis, assis en Conseil des ministres entre Morano et Hortefeux ». En effet, on imagine mal une telle scène comme on imagine mal un yorkshire s'approcher d'un ours sans subir quelques désagréments.

L'éloquence de Philippe Séguin a surgi aux yeux du grand public lors de son discours fleuve contre le traité de Maastricht. Il s'impose aujourd'hui comme un monument du débat parlementaire français, sur la forme comme sur le fond. Il n'y a qu'à voir le nombre de personnes qui louent, aujourd'hui, la prescience de Philippe Séguin sur l'Union européenne, après l'avoir violemment critiqué au moment du référendum de 1992. Probablement l'un des effets de la mort qui vous pare, comme par enchantement, de toutes les vertus … Ce discours, à l'époque, l'avait propulsé en tête du camp du « Non » à Maastricht. Mais si Charles Pasqua et Philippe de Villiers l'accompagnent, c'est bien lui que François Mitterrand choisit pour débattre. Séguin est ainsi le seul homme politique à avoir débattu avec le Président de la

---

[30] Bruno Le Maire, candidat un temps à la présidence de la République, s'est ainsi mis en scène en train de jouer à pokémon go…

République hors débats du second tour de l'élection présidentielle. Cela lui conféra une toute autre dimension politique, faisant naître chez ses partisans des ambitions présidentielles.

Lors du débat, Philippe Séguin retient ses coups. A tel point que certains lui reprochèrent ensuite sa mollesse. Charles Pasqua parla d'un agneau face à un loup. En réalité, Séguin est impressionné par l'état de santé du Président de la République. C'est un véritable hôpital ambulant qui se déploie autour de lui. Il souffre tant que la coupure pub se voit prolonger quelques minutes. Philippe Séguin ne souhaite pas profiter d'un homme malade et choisit alors de mener un débat courtois qui n'exclut pas pour autant la qualité des échanges. Le Président de la République domine cependant la discussion en face d'un adversaire respectueux de la fonction présidentielle et de l'homme souffrant qui surmonte la maladie. Alors François Mitterrand a-t-il choisi Séguin pour s'épargner un débat plus combatif avec Pasqua ou de Villiers ? *A priori* non. Il ne craignait pas spécialement ces deux opposants. Craignait-il d'ailleurs un quelconque adversaire ? François Mitterrand avait, en revanche, une grande estime pour Philippe Séguin, et en véritable compétiteur, il souhaitait affronter le plus éloquent de ses adversaires pour conférer au débat un plus grand crédit.

Si François Mitterrand critiquait abondamment, en privé, ses amis socialistes, il ne manquait pas non plus de souligner la qualité de certains de ses adversaires. C'est ainsi qu'à Georges-Marc Bénamou qui lui demandait quel serait le meilleur homme pour lui succéder, il répondit immédiatement : « Philippe Séguin ». Une estime réciproque qui confinait même à l'admiration chez le député des Vosges, comme en témoigne ce passage sur la cohabitation : « Nous étions une quarantaine, debout autour de la table du conseil, à parler entre nous. Nous venions de gagner les élections législatives, nous étions sûrs de nous et dominateurs. On avait le vent en poupe. François Mitterrand arrive, Chirac derrière lui. Il ne salue personne et s'assied. L'ambiance est glaciale. Avant d'écouter les communications des uns et des autres, Mitterrand commence par énoncer les règles du conseil des ministres : la partie A avant la partie B, etc. Il s'en tient là. Mais en quelques secondes il a retourné la situation. Son autorité s'imposait d'une façon telle qu'à la fin du conseil nous étions tous comme des élèves terrorisés. Bref : les intrus, c'était nous. » Si Philippe Séguin éprouve une grande sympathie pour Jacques Chirac, c'est bien le président socialiste qu'il admire. Ce qui ne l'empêchera pas de combattre sur le plan politique l'un et l'autre.

*

Sa plume, Philippe Séguin sait aussi s'en servir avantageusement en dehors de la politique. C'est ainsi qu'en 1990, il se consacre à l'un de ses premiers amours : l'Histoire. Après un dîner avec des éditeurs, il s'engage dans la rédaction d'une biographie de Napoléon III avec le souci ambitieux de le réhabiliter. Il s'y consacre pendant une année de manière quotidienne profitant du moindre moment de pause pour travailler dessus. L'ouvrage, richement documenté et parsemé d'envolées lyriques, présente une nouvelle lecture du personnage davantage qu'il n'apporte des faits nouveaux. Sa thèse principale est de dire que Louis-Napoléon Bonaparte est un mal aimé de l'Histoire essentiellement du fait de la grandeur de ses deux principaux contempteurs : Victor Hugo et Karl Marx. La biographie connait un franc succès, dépassant les 100 000 exemplaires vendus, un chiffre colossal pour une biographie. Le phénomène inspirera d'autres politiques qui se lanceront par la suite dans la rédaction de la biographie d'un personnage dont ils se sentent proches, généralement quelqu'un ayant un lien avec leur territoire d'élection. François Bayrou se lança ainsi dans une biographie d'Henri IV, Jack Lang de François 1er et Alain Juppé de Montesquieu. Dans sa biographie de Philippe Séguin, Michel Taubmann montre que le personnage choisi, à savoir Napoléon III, partage en réalité beaucoup de traits communs avec son auteur. Et qu'au fond, en s'attachant à brosser le portrait du dernier empereur français, Philippe Séguin décrit, parfois, des sentiments qui le traversent lui-même. Taubmann évoque surtout à cet égard l'incertitude autour du père, Louis-Napoléon Bonaparte et Philippe Séguin ayant tous deux subi les rumeurs autour de leur père naturel.

*

Mitterrand et Séguin avaient en commun un amour pour l'Histoire et la littérature qui fait cruellement défaut au personnel politique contemporain. Et s'ils divergeaient sur certains points, ils partageaient également un rapport charnel à la France, d'ailleurs pas tout à fait étranger à leur goût pour l'Histoire. Leur amour des mots, et la quête perpétuelle du terme juste qui lui est inhérente, constitue une singularité en politique qui n'est plus guère partagée, aujourd'hui, que par François Bayrou. Le rapport aux mots, de nos jours, se résume trop souvent à une recherche de la phrase choc, de la formule la plus outrancière qui garantira à son auteur une visibilité au JT de 20h ou sur les chaines d'infos en continu, qui reprendront bêtement le trait sans jamais prendre la peine de s'interroger sur sa pertinence. Le but n'est plus de trouver le mot juste pour décrire une situation, mais de faire le « buzz ». L'essentiel étant qu'on parle de soi. Certains sont même devenus spécialistes dans cet exercice, ajustant ainsi le niveau de la politique sur celui de la télé-réalité.

Dans son éloge funèbre de Philippe Séguin, François Fillon disait justement : « Il croyait au pouvoir du verbe qui conduit l'action ». Son style était loin de la gouaille vulgaire que l'on confond trop souvent avec l'éloquence. Il introduisait dans ses propos une force de conviction faisant appel aux plus hauts instincts du citoyen. Que cela soit sur le plan de la logique en avançant des arguments rationnels ou sur celui de l'affect en célébrant les valeurs dans lesquelles il croyait. Il réussissait généralement à emporter l'assentiment de nombreuses personnes. Lors de son discours sur Maastricht par exemple, c'est plus de la moitié du groupe RPR qui soutint son exception d'irrecevabilité. Et sa campagne pour le « Non » fit grimper celui-ci de près de 20% dans les sondages. Son apport dans la campagne de Chirac en 95 acheva de lui conférer le surnom de « Monsieur 20% » pour signifier sa capacité à mobiliser l'opinion en faveur de la cause qu'il soutenait. Ses prises de parole étaient également fort appréciées au sein des militants RPR, même lorsque les consignes édictées ne lui étaient pas favorables. Ainsi en 1990, tandis qu'il présente une motion concurrente avec Charles Pasqua pour réveiller le RPR et Chirac contre une certaine tendance à oublier les valeurs du gaullisme, il doit faire face à une salle résolument hostile. Consigne avait été donnée de huer Séguin durant toute son intervention pour le punir d'avoir osé défier le chef. Loin d'être perturbé, le député des Vosges poursuit malgré les sifflets, célébrant les valeurs du gaullisme qui doivent être défendues haut et fort selon lui par le RPR. Il prend bien soin aussi de préciser que sa motion ne visait pas la personne de Jacques Chirac, qui doit rester président du mouvement, mais simplement la défense du socle idéologique du gaullisme. « Est-ce au moment où il est évident que le parti gaulliste a été le prototype de l'organisation politique du XXIème siècle, parce qu'il a voulu transcender les clivages de classe, parce qu'il a voulu dépasser les intérêts catégoriels, parce qu'il a rompu le premier avec la conception marxiste de la politique, est-ce à ce moment-là qu'il faudrait nous laisser gagner par la lassitude voire par le renoncement ? Comment peut-on oser faire rimer gaullisme et archaïsme ? Le gaullisme n'a pas été qu'un temps de l'Histoire. Il n'a pas été qu'une épopée d'hier. Il a été, il est et il sera une perpétuelle métamorphose. » Et petit à petit, à mesure qu'il développe son raisonnement et assène ses arguments entre deux envolées lyriques, les huées se font plus rares pour finalement s'estomper tout à fait. Et au silence passager succède rapidement des encouragements timides qui vont crescendo jusqu'à constituer une véritable ovation. A la fin de son intervention, Philippe Séguin est acclamé par des militants qui se sont levés pour l'applaudir. Il a réussi le tour de force de retourner la salle en sa faveur. Les militants sont alors si transportés, que certains observateurs pensent qu'il aurait même pu prendre la tête du RPR ce jour-là. Sans doute est-ce un peu excessif car Chirac n'aurait pas accepté de se laisser prendre le parti sans rien faire et c'est sous-estimer, en outre, l'attachement des militants à leur chef. Mais cela souligne néanmoins les capacités oratoires exceptionnelles de Philippe Séguin dignes d'un Mirabeau ou d'un Gambetta. De toute manière, Philippe Séguin ne caressait pas l'idée de s'emparer du RPR à ce moment-là. C'était davantage le courant de fond contre les fondamentaux du gaullisme qui l'inquiétaient que le leadership du mouvement. Il était conscient du peu d'intérêt de Chirac pour l'orthodoxie gaulliste mais ne contestait pas pour autant l'autorité de l'ancien Premier ministre sur le RPR. La cible, alors, pour Séguin et Pasqua, était sans doute davantage Alain Juppé promu secrétaire général du RPR. Séguin l'avait déjà perçu quelques années auparavant : « Ca sera moi ou lui ». Et finalement ce fut lui. En dépit de l'apport décisif de Séguin à la campagne de 1995, de ses fabuleux talents de tribun et de son attachement viscéral au gaullisme. Malheureusement pour lui, l'éloquence et la fidélité à des valeurs sont devenues anachroniques à l'heure où les logiques d'appareil et l'opportunisme imposent leur loi. La beauté du verbe ne vient plus qu'égayer un processus de décision déjà fixé auparavant…

5. Le panache

« Quelque chose que sans pli, sans une tâche,

J'emporte malgré vous, et c'est...

Mon panache. »

Cyrano de Bergerac, Acte V, scène VI

Ce 30 janvier 1995, Philippe Séguin rayonne. Il est au sommet de sa forme et peut enfin s'imposer auprès d'un Jacques Chirac abandonné de tous. Un à un, ses anciens amis, parfois très proches comme Nicolas Sarkozy et Charles Pasqua, l'ont trahi pour rejoindre celui qui est désigné comme le vainqueur des présidentielles. *Le Monde* a même annoncé le 12 janvier que les jeux étaient faits et qu'Edouard Balladur serait le prochain Président de la République, son avance dans les sondages étant alors jugée irrémédiable. Philippe Séguin, à qui l'on reproche de ne pas choisir le « bon cheval », rétorque que lui n'entend « pas confondre la politique, le service de l'Etat avec le PMU ». Dans cette campagne, ses talents oratoires font merveille et maintiennent hors de l'eau un Jacques Chirac qui doit faire une campagne de proximité pour compenser son retard dans les sondages. Tout le monde l'annonce perdant et certains le regardent même avec une certaine pitié. Arlette Chabot va jusqu'à lui demander s'il ne compte pas retirer sa candidature pour se rallier à celle de son « ami de trente ans ».

C'est dans ce contexte que Philippe Séguin se présente à la tribune du meeting de Bondy ce 30 janvier 1995. Par son discours, sa fougue, son inspiration, il va changer ce jour-là le cours de la campagne inversant la dynamique des candidatures. Devant une salle électrisée par sa voix grave et chaleureuse, composée essentiellement de jeunes portant des t-shirts « Chirac-Séguin : le bon cap », le député des Vosges pilonne Edouard Balladur, égratignant au passage le suivisme moutonnier des médias : « Arrêtez donc de croire qu'il va y avoir une élection présidentielle ! Arrêtez de croire qu'il va y avoir une campagne, un débat, des explications, toutes choses si vulgaires. Le vainqueur a déjà été désigné. Proclamé. Fêté. Encensé. Adulé. Il est élu. Il n'y a pas à le choisir, il y a à le célébrer. Cela n'est plus la peine de vous déranger. Circulez, il n'y a rien à voir ! ». Dans cette campagne, Philippe Séguin peut enfin critiquer ouvertement la politique et les options d'Edouard Balladur. A dire vrai, il ne s'en privait pas vraiment jusqu'ici. Mais cette fois, il y est encouragé et reçoit le soutien des quelques députés chiraquiens soutenant encore le chef du RPR. Ce désert autour de Chirac lui permet de prendre tout l'espace qu'il souhaite et d'imposer enfin ses thématiques sociales. Il enchaîne les meetings où il enflamme son auditoire. A Dijon, le 26 février, il s'amuse à répondre de façon ironique à ceux qui le conspuent pour s'être refusé à appeler à voter

Edouard Balladur en cas de défaite de Chirac. Il se lance alors dans un numéro proche du *one man show* alternant les mimiques et les changements de ton malicieux : « On me demande ce que je ferai si d'aventure, ce qu'à Dieu ne plaise, Chirac n'était pas au second tour. Et bien, voilà : j'irai au bureau de vote, je prendrai les deux bulletins, je passerai dans l'isoloir, je présenterai ma carte d'identité et d'électeur, j'irai devant l'urne, j'attendrai qu'on l'ouvre et je déposerai mon enveloppe. Et alors, à pleins poumons, de toute la force de mon enthousiasme, je m'écrierai : « Chouette ! » Les militants sont conquis!

Finalement, au bout de quelques semaines, les courbes s'inversent enfin dans les sondages, Chirac dépassant Edouard Balladur. Et c'est à partir de ce moment que l'influence de Séguin commence à décliner. Tous les parlementaires qui avaient jusqu'ici pris soin de ne pas s'engager dans la lutte fratricide rejoignent Chirac. Juppé affermit aussi son soutien. La victoire se profilant, Chirac droitise son discours pour bénéficier du report de voix de Balladur dans le cadre du second tour. Séguin sent l'influence de Juppé derrière tout cela et en est consterné. Il ne s'est pas démené dans tous ces meetings en faveur de Jacques Chirac pour que soit finalement appliquée la politique de Balladur. Il le met en garde d'ailleurs et l'interpelle dans l'un des derniers meetings : « Cher Jacques Chirac, demain, si, comme je l'espère, tu gagnes cette élection, ne te laisse pas voler ton message ! Ne te laisse pas voler ta victoire ! N'oublie pas le pacte républicain… N'oublie pas ce peuple qui t'aura fait confiance et dont tu seras le seul recours ! Pense à ce peuple, qui est de droite tout autant qu'il est de gauche ! […] Pense à ce peuple qui ne veut pas se démobiliser un soir de mai ! » Mais Chirac néglige clairement cet avertissement et nomme finalement Alain Juppé à Matignon en dépit de la part décisive prise par Philippe Séguin dans son élection. Il peut se dire alors, comme Cyrano, « Oui, ma vie Ce fut d'être celui qui souffle – et qu'on oublie ! »[31]

Le nouveau Premier ministre mène une toute autre politique que celle de la « fracture sociale ». Avec cette nomination, quelque chose se casse chez Philippe Séguin. Le sentiment d'abandon qui le poursuit depuis l'enfance le regagne et semble se réinstaller définitivement. Il refuse orgueilleusement d'appartenir à un gouvernement dirigé par Alain Juppé. Il a déjà refusé à Balladur qui fut pourtant son patron à l'Elysée sous Pompidou, ce n'est pas pour se placer sous l'autorité de cet inspecteur des finances à qui Chirac a tout donné. Il se mure alors dans son hôtel de Lassay et refuse toutes les propositions de conciliation de la part de Jacques Chirac. Et n'appartenant pas au Gouvernement, il n'estime pas devoir se montrer solidaire du nouveau Premier ministre. Il affiche même ostensiblement son soutien aux grévistes spinaliens qui s'opposent aux plans Juppé. S'il déteste le Premier ministre, c'est surtout contre sa politique qu'il agit de la sorte. Et il n'est pas tellement étonné de le

---

[31] Acte V, Scène VI

voir arriver dans une impasse. Alain Juppé est au comble de l'impopularité mais se déclare « droit dans ses bottes ». Jacques Chirac se trouve, alors, face à deux solutions : soit dissoudre l'Assemblée nationale pour faire primer l'orientation du gouvernement Juppé, soit changer de Premier ministre. Or, dans cette seconde option, cela veut dire nommer Séguin, aucune autre personnalité ne s'imposant à droite. Mais Chirac ne peut se résoudre à désavouer son Premier ministre et il concocte avec Dominique de Villepin la stratégie de la dissolution destinée à couper l'herbe sous le pied de l'opposition. Séguin n'est pas mis dans la confidence et ne l'apprend qu'une fois la décision actée. Le premier tour des législatives vire à la débandade. Alain Juppé se met en retrait et on demande, en catastrophe, à Philippe Séguin de mener la campagne pour le second tour, davantage pour limiter la casse que pour obtenir une victoire à laquelle plus personne ne croit. Le Président de l'Assemblée nationale, en fidèle soldat, s'exécute et met toute sa force dans la bataille, en vain. Lui-même ne se faisait guère d'illusion sur le résultat, tout comme sur une possible nomination à Matignon en cas de victoire. Son panache est apprécié en période électorale, mais une fois au pouvoir on préfère toujours des personnages plus policés comme Edouard Balladur ou Alain Juppé. Il gêne trop, et il commence à s'en rendre compte. Mais cette fois, il entend bien les empêcher de tourner en rond et, s'il respecte le leadership de Chirac, il songe à se débarrasser de Juppé qui a, selon lui, fait assez de dégâts comme ça. C'est ainsi qu'il se lance à l'assaut du RPR avec le soutien des balladuriens. Alliance iconoclaste et étonnante sachant le peu d'accointances idéologiques entre Séguin et Balladur, et le peu de goût du député des Vosges pour ce genre de combinaisons. L'alliage fonctionne pour ce coup de force mais Séguin se rendra compte à terme qu'il n'était pas tenable pour lui. Les chiraquiens, affaiblis, ne peuvent que regarder Séguin s'emparer de la présidence du parti. Ils sont agacés, Juppé le premier, car ils le prennent comme une attaque contre Chirac. Ils y voient une manœuvre destinée à préparer une candidature Séguin en 2002. C'est si mal connaître le personnage…Ils sont d'autant plus outrés que le nouveau président du RPR impose comme porte-parole puis secrétaire général Nicolas Sarkozy, le traître honni. Cette alliance Séguin/Sarkozy en étonnera plus d'un, car contre toute attente elle fonctionnera efficacement. On peut, a priori, difficilement faire plus antagonistes au sein du RPR tant sur le plan des idées que sur celui du tempérament. Mais, outre une passion commune pour le sport et en particulier pour le Paris Saint-Germain, les deux hommes sont des outsiders si ce n'est des parias. Ils ne sont pas du sérail et ont dû se faire une place eux-mêmes dans cet univers politique où règne la cooptation. Alors naturellement, une complicité apparait. Ils partagent, en plus, un rapport compliqué à l'égard de Jacques Chirac et une franche détestation d'Alain Juppé. De tels points communs forgent immanquablement une certaine solidarité. Et durant le temps de leur partenariat, Séguin peut toujours compter sur Nicolas Sarkozy qui est conscient de la chance qui lui a été donnée de revenir au premier plan après l'échec de Balladur.

Séguin s'acquitte parfaitement de sa tâche de redressement du RPR. Son mandat se finissant fin 1998, il s'interroge sur la pertinence de continuer à ce poste. Sa mission initiale est accomplie et il sent bien, au fond, qu'il a très peu à gagner en se maintenant. De plus, chef de parti est une fonction qui sied mal à ses qualités, et surtout à ses défauts. Son panache et sa flamboyance s'y font discrets au profit de la recherche de compromis entre les différents courants et entre les différentes personnes. Il est contraint, en outre, de mettre en sourdine ses propres réclamations pour assurer l'unité du mouvement. Il a plus affaire aux calculs de boutiquiers de ses collègues qu'au maniement des grands concepts politiques et économiques. S'agissant de la constitution de listes pour les régionales, il qualifie même l'exercice de « sordide », ajoutant : « Les nouveaux candidats sont affamés. Et les sortants s'accrochent ».[32] Bref, il aspire à retrouver cette liberté qui lui est si chère. Mais Jacques Chirac le convainc de poursuivre l'aventure. Et c'est ainsi que Philippe Séguin se fait élire par les militants comme président du RPR en décembre 1998, une première dans l'histoire du mouvement gaulliste. Mais la situation est loin d'être idyllique car il doit subir une ovation de treize minutes pour Jacques Chirac lors de son

---

[32] Philippe Séguin, *Itinéraire dans la France d'en bas, d'en haut et d'ailleurs, op.cit.*, p.482. Il est aussi consterné par le machisme de certains candidats qui vivent mal le fait d'être déclassés au profit de femmes.

intronisation. Une ovation, comme pour signifier au nouveau président que le véritable chef du mouvement demeure bien à l'Elysée, en dépit de son affaiblissement consécutif à la dissolution.

Viennent alors les élections européennes de 1999. Philippe Séguin va conduire la liste du RPR pour ce que d'aucuns appellent alors « la présidentielle du pauvre »[33]. Ce scrutin « casse-gueule » n'est pas le plus évident, surtout pour les gaullistes. Jacques Chirac, lui-même, s'y cassa les dents en 1978 avec son fameux « appel de Cochin ». Michel Rocard a, lui, vu son destin présidentiel se briser lors de ce scrutin, bien aidé par François Mitterrand qui poussa à la création d'une liste concurrente de Bernard Tapie. Jacques Chirac, alors à l'Elysée et condamné à regarder la gauche gouverner, va rejouer le rôle de son illustre prédécesseur, Séguin enfilant le costume de l'ancien Premier ministre. C'est le paradoxe de Jacques Chirac : il fut assez peu actif dans le domaine législatif mais peut faire valoir un tableau de chasse politicien impressionnant. Outre ses deux élections présidentielles, il a abattu politiquement au moins cinq hommes politiques qui, même si on ne partage pas forcément leurs idées, avaient en commun de défendre des convictions réelles. On peut estimer ainsi qu'il a contribué à la mort politique de Jacques Chaban-Delmas, Valéry Giscard-d'Estaing, Edouard Balladur, Philippe Séguin et Charles Pasqua. Sans doute peut-on ajouter Nicolas Sarkozy avec la mobilisation des réseaux chiraquiens en faveur de

---

[33] Lorsque l'élection portait sur une circonscription nationale unique.

François Hollande dont la tribune de Jean-Jacques Alliagon dans *Libération* constitue une illustration. La différence avec Philippe Séguin est que l'intéressé contribue lui-même à creuser sa tombe dans une fuite en avant confinant au suicide politique dont la campagne pour Paris constituera le point d'orgue.

S'agissant des européennes, le début de la fin commence avec la dissidence de Charles Pasqua. Séguin, lui-même, expliqua que c'est cette défection qui compromit son action sur toute la campagne. En effet, la tête de liste de Séguin se justifie dès lors qu'il faut opérer une sorte de synthèse entre chiraquiens, partisans de Charles Pasqua, balladuriens voire centristes. Dès lors que le souverainiste corse propose sa propre liste, le centre de gravité de la liste RPR se déplace, renforçant les libéraux balladuriens et rendant la présence de Séguin moins utile. D'ailleurs, François Bayrou, tout à fait opposé au député d'Epinal sur la question européenne, mène sa propre liste qui affaiblit d'autant celle de Séguin. Avec deux listes concurrentes à droite, celle du RPR semble condamnée à un piètre score. Le cauchemar de Séguin ne fait que commencer puisque Chirac, dans son dos, négocie l'intégration des député RPR au groupe PPE au Parlement européen. Une formation ouvertement fédéraliste, ce qui est contraire à la vision gaulliste de l'Europe. Séguin, en gardien de l'orthodoxie gaulliste, s'insurge, mais il constate rapidement son impuissance, d'autres partis européens de droite, comme celui de Berlusconi, le rejoignant également. Mais ce qui va déclencher son ultime fureur, c'est une déclaration de Bernard Pons, fidèle du Président, annonçant que quoique l'on vote, Bayrou, Séguin ou Pasqua, il fallait le comptabiliser comme un soutien à Jacques Chirac. Il ne le supporte pas et prend cela comme une défiance à son égard. Pour lui, en tant que tête de liste RPR, il est le seul à représenter le Président de la République. Il appelle, alors, furieux, à l'Elysée, exigeant un démenti, faute de quoi il démissionnerait. Chirac ne prend pas vraiment au sérieux cette menace et ne rédige ni ne fait rédiger aucun démenti. Le lendemain, Philippe Séguin se rend au siège du RPR, s'enferme dans son bureau et annonce à l'AFP sa double démission de la tête de liste des européennes et de la présidence du RPR, le tout à moins de deux mois des élections ! A Roger Karoutchi, son proche collaborateur qui lui dit, médusé, qu'il ne peut pas faire ça, il rétorque : « Roger, je ne suis pas là pour faire carrière mais pour défendre des convictions. On refuse de les mettre en application, je pars. » Il prend alors sa veste et rentre, refusant de répondre à quiconque de toute la journée. La démission tombe comme un coup de tonnerre dans le monde politique. Personne ne comprend la décision. Ses fidèles au RPR sont abasourdis, partagés entre la tristesse et la colère contre l'homme pour qui ils avaient tant œuvré. Les autres membres du RPR se réjouissent, bien qu'ils peinent à comprendre ce comportement qui déjoue toute rationalité et frise le suicide politique. Mais Séguin étouffait, se sentait ratatiné dans un rôle contre-nature qui amplifiait sa mélancolie naturelle. Indubitablement, ce coup d'éclat, à ce jour encore inédit dans l'histoire de la Vème République, marque le début de la fin de sa carrière politique. Chirac peut jubiler car avec le départ de Séguin du RPR il voit partir un empêcheur de tourner en rond et un allié imprévisible. Et comme aimait à le dire François Mitterrand : « Mieux vaut maintenir en place un adversaire docile que d'installer un ami indocile ». La liberté est une notion trop fugace pour être véritablement appréciée en politique.

Cette démission fracassante est à l'image du personnage : imprévisible, déroutante mais certainement pas dénuée de panache. Elle tranche avec le comportement du reste du personnel politique qui, à quelques exceptions près, s'accroche à tout prix à son poste, quitte à avaler les couleuvres de manière permanente. La discipline partisane était finalement trop étriquée pour Philippe Séguin, qu'il soit dirigeant ou simple membre d'une structure. Rien ne lui était si étranger que le caractère moutonnier qu'il fallait démontrer pour suivre toujours son parti et il était trop libre pour accepter indéfiniment de museler ses convictions pour mener un mouvement. Et comme le disait le Cardinal de Retz : « il faut souvent changer d'opinion pour être toujours de son parti ». Mais là résidait précisément le problème de Philippe Séguin. Il était trop inflexible, trop fidèle à ses valeurs, trop entier pour succomber aux sirènes du renoncement. Il ne pouvait sacrifier le gaullisme social sur l'autel de ses ambitions. C'aurait été se renier, renier son engagement, renier ce pour quoi il était entré dans la vie publique. Pour lui, en politique, l'attachement à une personne ne pouvait s'exempter d'une fidélité à des valeurs. C'est au fond ce qu'il reprochait à la politique moderne, l'abandon du débat d'idées au profit des querelles de personnes voire du culte de la personnalité. Il ne supportait pas d'être cornaqué par ceux qui se revendiquaient de ses idées, de son patronage. Cela réduisait sa marge de manœuvre et pouvait à terme soumettre sa liberté. Il n'a jamais eu de plan de carrière, contrairement à la plupart de ceux qui se lancent en politique sur la scène nationale. Il souhaitait simplement servir la France, quand tant d'autres entendent simplement se servir d'elle. Il apparaît un peu ironique d'observer aujourd'hui les primaires où des seconds voire des troisièmes couteaux se voient naitre un destin présidentiel et dans le même temps se dire que quelqu'un comme Séguin, avec ses immenses qualités, n'a jamais franchi le pas pour se présenter à la fonction suprême. Cela fait précisément la beauté du personnage. Et cela créé un label romantique que n'hésitent pas à utiliser aujourd'hui de plus en plus de personnes à droite. Un label dont il est d'autant plus aisé de se réclamer que l'homme est mort depuis quelques années et disparu de la scène politique depuis plus longtemps encore. Une sorte de guerre sur son héritage s'est même installée, principalement entre François Fillon et Henri Guaino. Et à un Georges-Marc Bénamou qui l'interrogeait à ce sujet, Séguin répondit, fidèle à lui-même : « je les emmerde tous ».

Tous se réclament de son image mais ont souvent, dans leurs actes, commis l'inverse de ce qu'il professait. Ainsi par exemple de l'ancien Premier ministre qui soutenait l'exception d'irrecevabilité de Philippe Séguin en 1992, dans laquelle celui-ci proclamait notamment : « ce que le peuple a fait, seul le peuple peut le défaire ». Quinze ans plus tard, François Fillon, à Matignon, faisait adopter le traité de Lisbonne par voie parlementaire, texte qui reprenait l'essentiel du traité de 2005 refusé par le peuple...En politique, il faut parfois savoir accepter d'avaler des couleuvres pour faire adopter d'autres choses qui paraissent plus importantes. Savoir céder sur l'accessoire pour sauvegarder l'essentiel. Mais n'est-ce pas finalement le plus sûr moyen de finir par céder sur toute la ligne ? N'est-ce pas la voie par laquelle on finit par se renier ? Fut-ce pour assouvir son ambition ? Philippe Séguin avait refusé cette manière de faire de la politique. Il se consacra à la défense de la France, de la République, du gaullisme, et, ce, sans jamais s'agenouiller. Car, comme il le proclamait fièrement dans la conclusion de son discours de 1992 : « C'est debout qu'on écrit l'Histoire ».

6. Un marginal

« Déplaire est mon plaisir. J'aime qu'on me haïsse.

Mon cher, si tu savais comme l'on marche mieux

Sous la pistolétade excitante des yeux ! »

Cyrano de Bergerac, Acte II, Scène VIII

Ce 29 mars 1993, la gauche se réveille avec la gueule de bois. Elle vient de connaître la plus grande défaite électorale de son histoire. Philippe Séguin appelle son voisin de circonscription, Christian Pierret, député-maire socialiste de Saint-Dié, battu de peu la veille. Le député d'Epinal prononce quelques paroles de réconfort et demande ce qu'il peut faire pour lui. Le geste de Séguin étonne d'autant plus Pierret que personne au sein de son propre camp n'a pris la peine de prendre de ses nouvelles. Ils poursuivent la conversation et l'ancien ministre des Affaires sociales confie à son ex-collègue qu'il devrait devenir Président de l'Assemblée nationale, Chirac ayant donné son accord. Et le prétendant au perchoir de lui annoncer de manière jubilatoire à propos de ses propres amis politiques : « si tu savais ce que je vais les faire chier ! ».

L'anecdote rapportée par Christian Pierret montre à quel point Philippe Séguin était marginal au sein de la classe politique d'une manière générale et dans son propre camp en particulier. Marginal, tout d'abord parce qu'il est assez rare que les politiques aient ce genre d'attention entre eux, *a fortiori* pour ceux de l'autre bord. Marginal aussi puisque la confidence de Séguin trahit, *a minima*, un sentiment d'appartenance contrarié à la nouvelle majorité. Jacques Chirac voyait déjà en 1984 en Philippe Séguin « un marginal qui ne songeait qu'à se marginaliser davantage ». Il est vrai que sur maints sujets il apparaissait à contre-courant de la tendance dominante. Sur l'économie, nous l'avons déjà dit, la conversion du RPR aux thèses néolibérales l'interpellait grandement. Il n'admettait pas la pertinence du postulat d'une intervention publique minimale et, au contraire, croyait dans les vertus de l'investissement public. Crédo qu'il appliqua dans sa mairie d'Epinal. Commune quasi sinistrée lorsqu'il en devint le maire en 1983, Philippe Séguin s'appliqua à la « désenclaver » comme il le dit dans ses mémoires, tant du point de vue économique que psychologique. Pour redynamiser Epinal, il conduisit une vaste politique d'investissements destinée à rendre la ville attractive. Il commença ainsi par construire un… golf en centre-ville. Tout le monde lui tomba alors dessus en l'accusant d'avoir la folie des grandeurs. Il resta ferme arguant que la ville avait besoin d'équipements destinés à constituer un cadre à même d'attirer des cadres et leur famille. Il profitait en réalité d'un plan du ministère du Temps libre subventionnant de telles initiatives. Et à ceux qui l'accusaient de conduire un projet en direction d'une catégorie sociale bien précise, il pouvait rétorquer que le golf était le moins cher de France avec une entrée coûtant le prix d'un ticket de bus. A cela s'ajoutèrent la création d'une chaîne de télévision locale, la mise en place du câble sur toute la ville, le soutien à l'Imagerie Pellerin (qui produit les célèbres images d'Epinal), la création d'une piscine olympique et d'un parcours de canoë-kayak. On l'accusa de creuser la dette de la commune, mais lui estimait, au contraire, que « lorsque l'augmentation de la dette correspond à une constitution d'actifs, elle ne conduit nullement à un appauvrissement et que la capacité d'autofinancement se raffermit dès les retours sur investissement »[34]. Ce qui se produisit en l'espèce. La ville enchaina rapidement les récompenses avec dès 1988 l'oscar du golf le plus dynamique de France (plus de mille adhérents), le Mercure d'or récompensant le premier réseau câblé de France, une désignation comme ville la plus sportive de France par le journal *l'Equipe* pour l'année 1990, le Coq d'or de la meilleure télévision locale en 1991 et en 1992 le grand prix du salon international de la navigation (pour le parcours de canoë-kayak). Les entreprises se sont également implantées venant ainsi soulager la situation financière de la commune. Philippe Séguin mena en outre une politique culturelle audacieuse et se signala sur le plan éducatif en réorganisant les rythmes scolaires. Ce fut sans doute, avec la présidence de l'Assemblée nationale, la fonction dans lequel il fut le plus épanoui. Il n'était d'ailleurs

---

[34] Philippe Séguin, *Itinéraire dans la France d'en bas, d'en haut et d'ailleurs*, *op.cit.*, p. 300

jamais plus à l'aise que lorsqu'il devait se placer au-dessus des partis. Il le confie ainsi dans ses mémoires : « j'aurai été profondément heureux en tant que maire, parce que j'occupais un poste que j'estimais essentiel à la République, et même consubstantiel avec elle, où je trouvais enfin ce que j'avais si longtemps cherché. Heureux parce que j'étais en harmonie avec mes convictions. Heureux parce que, à la tête d'une mairie, la politique peut enfin être un service public et ne plus s'égarer dans les méandres de la politicaillerie… »[35].

Économiquement peu en phase avec la dérive droitière du RPR, Philippe Séguin se retrouvait naturellement en décalage sur les questions sociales. Ce refus du néolibéralisme conditionna également son « Non » au traité de Maastricht. Keynésien dans l'âme, il ne pouvait qu'être opposé à un traité faisant la part belle à l'école de Chicago et aux thèses monétaristes. Un tel parti pris ne pouvait que le mettre en décalage avec une intelligentsia qui ne jurait (et continue de le faire) que par un néolibéralisme associé à une vision kantienne au rabais. Il regrettait le manichéisme du débat selon lequel on était forcément anti-européen dès lors que l'on refusait Maastricht. Le même travers fut observé pendant le référendum de 2005. Quiconque vote contre un traité européen est taxé par certains de nationalisme voire de pétainisme. Philippe Séguin rappela à cet égard, opportunément, dans son fameux

---

[35] *Ibid.*, p.267

discours de 1992, que, pendant l'Occupation, de nombreux vichystes justifièrent la collaboration au nom de l'édification d'une « Europe nouvelle »[36]. Il pouvait relever à bon droit également que les défenseurs de la souveraineté de la France se situaient alors à Londres et en aucun cas à Vichy.

Ce débat sur Maastricht fit ressortir son engagement jacobin à l'instar d'un Jean-Pierre Chevènement. Il s'inquiétait du désir de certains de dépecer l'État par le haut (construction européenne à vocation fédéraliste) et par le bas (décentralisation). A ses yeux l'État constituait davantage qu'une simple strate administrative, et bien qu'attaché aux libertés locales, il regardait le processus de décentralisation avec une certaine appréhension. Il y voyait un véritable danger pour la solidarité nationale et pour le principe d'égalité estimant que « les capacités d'égoïsmes des collectivités sont insoupçonnables »[37]. Il n'était pas opposé pour autant au principe de la décentralisation dès lors que celle-ci « a pour effet de démultiplier la capacité d'action de

---

[36] Episode de l'Histoire assez oublié mais sur lequel est récemment revenu le professeur Bernard Bruneteau : Bernard Bruneteau, *Les « collabos » de l'Europe nouvelle*, Paris, CNRS Editions, 2016

[37] Philippe Séguin, *Itinéraire dans la France d'en bas, d'en haut et d'ailleurs, op.cit.*, p.271. Il prend l'exemple d'un projet d'implantation d'une entreprise dans l'est de la France où deux offres sont concurrentes. L'une propose la création de 300 emplois dans les Vosges et 200 en Alsace, l'autre de 270 emplois en Alsace. Les membres de la collectivité alsacienne ont défendu le second projet alors que le premier était le meilleur pour tout le monde.

notre démocratie, de lui apporter une nouvelle énergie »[38]. Mais il craignait qu'elle débouche en réalité sur « un congrès permanent de conseillers généraux ou de conseillers régionaux se répartissant prébendes et clientèles, et se distribuant les restes d'un pouvoir défunt »[39]. En creux sonnait la peur d'un retour aux féodalités contre lesquelles l'État central s'était battu pendant des centaines d'années. Le résultat aboutirait selon lui à un éloignement accru des citoyens à l'égard de leurs élus.

S'il était dubitatif sur le véritable apport des échelons départemental et régional à la démocratie, Philippe Séguin était un fervent défenseur du mandat municipal, principal cadre d'exercice des libertés locales selon lui. A ses yeux, le mandat de maire permettait d'être aux prises avec le terrain et de mieux saisir certaines questions qu'un simple député. Il confesse dans ses mémoires avoir changé d'avis sur la question du cumul des mandats. Il apparait incontestable selon lui que l'activité parlementaire (travail en commission, en séance, rédaction de rapports, participation à une commission d'enquête) est limitée par l'exercice d'un mandat exécutif local. Pour autant, le fait d'être député a considérablement augmenté l'efficacité de son action municipale, notamment dans l'accès aux administrations et aux ministres. Le poids d'un député/maire est plus important et il sait précisément à quel guichet s'adresser pour bénéficier d'une subvention ou obtenir l'implantation d'une

---

[38] *Ibid.*, p.272
[39] *Ibid.*, p.272

école ou d'un bâtiment public. Devenu Président de l'Assemblée nationale, il reconnut néanmoins l'existence de contradictions majeures entre les deux mandats dans certaines situations, bien que les fonctions de député et de maire apparaissent régulièrement complémentaires. En revanche, même lorsqu'il était favorable au cumul, il se limita à deux mandats, convenant aisément de l'impossibilité de se consacrer pleinement aux questions soulevées par les autres mandats. Lorsqu'il participa aux travaux du conseil régional en tant que membre de droit (député) avant l'élection de cette instance au suffrage universel, il ne put s'intéresser véritablement qu'aux affaires concernant sa propre ville. Il était contraint à une extrême passivité et à une confiance aveugle dans l'administration s'agissant du reste. Ce qui pose une question du point de vue démocratique et ce dont il était pleinement conscient.

Sur le plan institutionnel, Philippe Séguin marquait également sa différence. Lui qui se voulait l'héritier du gaullisme, n'a pas hésité dès la fin des années 80 à militer pour une évolution des institutions de la Vème République. Il défendait l'adoption d'un régime présidentiel sur le modèle américain avec précisément l'objectif d'en finir avec le présidentialisme. Car contrairement à ce que pense la doxa, le Président américain dispose de beaucoup moins de pouvoirs que son homologue français. Il doit faire face à de sérieux contre-pouvoirs, notamment celui du Congrès. Aux yeux de Philippe Séguin, les institutions de la Vème République convenaient pour les périodes exceptionnelles.

Or, si ce fut le cas sous le général de Gaulle, il n'en était plus de même à présent. La période était désespérément ordinaire, tout comme les gens qui exerçaient les responsabilités. Aussi convenait-il, selon lui, d'adapter les institutions à cette nouvelle donne. Il proposait ainsi de supprimer le poste de Premier ministre, la responsabilité du Gouvernement devant l'Assemblée nationale et le droit de dissolution dont dispose le Président de la République. Celui-ci deviendrait dès lors le chef incontesté de l'exécutif, délesté de l'ambiguïté de la dyarchie avec le Premier ministre, les ministres étant désormais ses collaborateurs directs. Dans le même temps, le Parlement bénéficierait d'une nette revalorisation lui permettant de se placer en véritable contre-pouvoir et de ne plus constituer une simple chambre d'enregistrement. Il pensait qu'une telle organisation permettrait de limiter les clivages partisans stériles. Il y aurait toujours une majorité et une opposition, mais le fait que le Gouvernement ne risque plus son existence à l'Assemblée amènerait l'édification de majorités d'idées aboutissant à des débats beaucoup plus féconds. Les membres de la majorité pourraient ne pas voter un texte du Gouvernement sans risquer sa censure. Il était favorable, en outre, à l'introduction d'une dose de proportionnelle car estimait-il : « il n'est pas bon de n'entendre M. Le Pen ou Mme Laguiller que tous les cinq ou sept ans. On risque de les prendre au sérieux. De surcroît, il n'est pas illégitime qu'ils se fassent entendre »[40].

Philippe Séguin nourrissait également une certaine inquiétude au sujet de la démocratie. L'argument démocratique était d'ailleurs l'un des griefs qu'il soulevait à l'encontre de la construction européenne technocratique. Il critiquait également, à cet égard, le comportement des partis de gouvernement français qui s'alignaient sur les décisions prises à Bruxelles. Ils agissaient, selon lui, comme des détaillants venant se fournir auprès du même grossiste européen. Ce qui posait problème en termes d'alternative politique et donc démocratique. L'enjeu démocratique existait aussi selon lui à l'échelle supérieure au sein de la mondialisation. Pour Philippe Séguin, il était stupide de vouloir combattre la mondialisation puisqu'elle était un fait, une donnée. On ne pouvait pas annihiler ce phénomène issu de la conjonction d'une ouverture accrue de l'économie, de l'accroissement de la rapidité des moyens de transport et de l'instantanéité des moyens de communication. Il distinguait, en revanche, clairement la mondialisation de la globalisation. Celle-ci tendait à une uniformisation du monde au point de vue économique, linguistique et culturel sur le modèle anglo-saxon. C'est donc la globalisation qu'il fallait combattre. Un des enjeux fondamentaux de cette lutte

---

[40] Philippe Séguin, *Itinéraire dans la France d'en bas, d'en haut et d'ailleurs, op.cit.*, pp.592-593

consistait à préserver le primat du politique quand la globalisation imposait la toute-puissance de la finance. Il était crucial de combattre cette idéologie qui tend à imposer la domination des marchés sur toute sphère de la vie au prétexte de leur supposée efficience. Il convenait pour cela d'agir à trois niveaux : national, européen et mondial. L'État constituait bien sûr un outil indispensable pour répondre à ce défi. Le problème selon lui ce n'était pas l'État, mais, au contraire, son affaiblissement. Or, l'État restait, à ses yeux, le lieu privilégié d'expression de la solidarité. Une réponse efficace ne pouvait provenir que de l'Europe également. Mais d'une Europe « européenne » pour reprendre la formule du général de Gaulle, qui ne nie pas les peuples et les États-nations. Seule l'Europe pouvait faire entendre efficacement dans la mondialisation actuelle la voix des Nations qui la composent. Il insistait sur la nécessité d'une véritable Europe politique, indépendante et non une sorte de simple marché unique constituant le cheval de Troie de la mondialisation anglo-saxonne. Il fallait donc réorienter cette Europe qui n'avait pas vocation à devenir fédérale. Mais toute cette construction devait se baser sur le suffrage universel, et rien d'autre. Il convenait donc, dans son esprit, de cesser de confier des responsabilités de plus en plus importantes, des choix parfois décisifs, à des instances d'experts sans que les peuples aient quoi que ce soit à dire. Il en allait de la liberté des peuples et de la sauvegarde de leur identité.

Ce souci de la diversité dans le monde s'exprima notamment dans son amour pour le Québec où il enseigna quelques temps. Il admirait ce peuple, sa singularité et son combat pour défendre la langue française dans un environnement linguistique résolument hostile. Il partageait avec les Québécois un souci de la défense de la francophonie dont il se désolait qu'elle soit si mal défendue. Amoureux de la France, il ne pouvait qu'être un défenseur acharné de sa langue. Il avait compris l'importance de la langue dans la mondialisation actuelle. « La langue est en effet plus encore qu'un vecteur de communication : c'est une façon de raisonner, une manière de voir et dire le monde. C'est vrai, en particulier, du français qu'on a, non sans raison, désigné comme la langue de la liberté. Ce n'est pas un cliché lorsqu'à un seul mot anglais peuvent correspondre quatre ou cinq mots français, chacun avec sa nuance, qui pourrait douter de notre plus grande capacité de choix ? »[41] Cette défense de la langue française en fait, paradoxalement, un personnage iconoclaste dans la politique française, tant il est vrai que ces dernières années la francophonie est devenu un combat peu populaire voire volontiers ringardisé. Il n'y avait qu'à voir récemment le microcosme médiatique s'extasier devant un candidat à la présidentielle prononçant un discours en anglais à Berlin. Quiconque critiquait cette initiative était au mieux traité de ringard, le français étant qualifié de langue démodée devant laisser la place à la

---

[41] Philippe Séguin, *Itinéraire dans la France d'en bas, d'en haut et d'ailleurs, op.cit.*, p.576

langue universelle qu'était l'anglais. Tout juste si le français n'était pas renvoyé au statut de langue morte ! Nul doute que Philippe Séguin aurait bondi. Ce peu d'empressement des Français à défendre leur propre langue consterne les Québécois au plus haut point. Opinion que partageait l'ancien Président de l'Assemblée nationale. Il est d'ailleurs paradoxal, que Philippe Séguin, souvent taxé de fatalisme, de pessimisme, défendait la langue française et croyait en son avenir. Alors que ceux, bien représentés dans l'intelligentsia, qui se veulent optimistes, tournés vers l'avenir, aient renoncé à défendre leur propre langue dans une globalisation dont ils se satisfont allègrement.

Philippe Séguin s'est aussi démarqué de son camp sur des sujets plus sociétaux. La peine de mort, nous l'avons dit. Lors d'un colloque en sa mémoire, Robert Badinter rendit ainsi hommage à son engagement en faveur de l'abolition de la peine de mort en le qualifiant d' « abolitionniste de la veille » quand beaucoup n'ont été que des militants du lendemain. Il eût une part très active, releva l'ancien Garde des Sceaux, quand la plupart de ceux qui, à droite, ont soutenu son projet de loi, se sont contentés de le voter. Philippe Séguin s'est aussi distingué sur la laïcité dont il était un fervent défenseur. Alexandre Adler confesse que, sur ce sujet, il le trouvait très proche des positions de la gauche. Séguin se distingua même lors de la grande querelle de l'enseignement de 1984 en se proclamant fièrement « enfant de la laïque », ce qui eut le don d'en agacer plus d'un au RPR, à commencer par Jacques Chirac. Il apparût ensuite en décalage avec son parti sur la question du PACS. Et s'il s'abstint sur le vote, il ne pouvait que partager les paroles que prononça alors Roselyne Bachelot en conclusion de son discours : « Enfin, pour lever toute ambiguïté, je tiens à répondre à cette question : le pacte de solidarité a-t-il pour origine une revendication portée par des associations homosexuelles ? Eh bien oui ! Mais qui mieux que les homosexuels pouvaient, à partir d'une expérience de solitude, de rejet et de mépris faire le diagnostic des difficultés qui rongent notre société ? Ils et elles ne veulent ni le dégoût des saintes nitouches ni la commisération des dames patronnesses. Cela a été l'honneur de ces associations de faire des propositions qui refusaient les solutions communautaristes, forcément stigmatisantes, pour bâtir un projet où chacun et chacune d'entre nous pourra se retrouver, avec ses enfants, ses parents, à un moment où un autre de sa vie, car finalement nous ne reconnaissons ici qu'une communauté : la République. »

Avec de telles positions, difficile de ne pas apparaître en marge d'un mouvement qui aspire à se transformer en grand parti de la droite si ce n'est résolument conservateur. Il était en outre impossible à ses yeux de rallier l'autre bord comme le firent certains gaullistes de gauche comme Michel Jobert, avec un succès mitigé. Philippe Séguin trouvait que la gauche de gouvernement s'était perdue, qu'elle avait succombé aux sirènes de l'argent, au fond qu'elle s'était, en quelque sorte, reniée. Il méprisait ouvertement la boboïsation qui avait frappé, à ses yeux, la gauche. Sentiment qu'il exprima d'ailleurs à plusieurs reprises lors de la campagne pour Paris. En outre, ses thèses sur l'Europe et son refus de l'européisme béat faisaient qu'il ne pouvait être accueillie à bras ouvert par une gauche de gouvernement ouvertement europhile. Il était donc condamné à rester au milieu du gué. Et c'est finalement son ami Jacques Attali qui résume parfaitement la difficulté du positionnement politique de Philippe Séguin : « Il incarnait aussi une conception de la République très particulière, aujourd'hui apparemment totalement anachronique : le gaullisme de gauche. Et plus encore, l'obsession de ne pas voir le gaullisme être récupéré par la droite. Introuvable position, politiquement impossible, parce que minoritaire à droite comme à gauche. »

7. Le perdant magnifique

« Que dites-vous ?... C'est inutile ?... Je le sais ! Mais on ne se bat pas dans l'espoir du succès ! Non ! non ! c'est bien plus beau lorsque c'est inutile ! »

Cyrano de Bergerac, Acte V, scène VI

En ce soir de février 2001, tandis que la campagne pour la mairie de Paris bat son plein, que son équipe l'attend pour travailler, Philippe Séguin demeure introuvable. Journalistes, observateurs, membres de son équipe, tout le monde se demande où est le candidat du RPR. Même ses plus proches collaborateurs n'ont pas de nouvelles de leur patron. Au bout de quelques temps, on apprend finalement qu'il a préféré resté seul dans son bureau à regarder un match de foot en mangeant une pizza. Les scènes surréalistes de ce genre se multiplient tout au long de cette campagne pour Paris qui prend des airs de chemin de croix pour l'ancien Président de l'Assemblée nationale. Dans le documentaire d'Yves Jeuland[42], on le surprend ainsi lors d'un déjeuner à s'ennuyer profondément en écoutant l'une de ses colistières. Un autre moment on l'observe faire des mots croisés de manière détachée comme s'il n'y avait pas de caméra, ni de

---

[42] *Paris à tout prix*

campagne à mener. Il sert beaucoup de mains lorsqu'il se déplace dans la capitale, mais peu d'entre elles glissent leur bulletin dans un bureau de vote parisien. Et il se permet même une fois d'envoyer paître un électeur venu l'importuner pendant son déjeuner. Le comportement désabusé de Philippe Séguin lui vaut des caricatures terribles. Les *Guignols de l'info* le dépeignent même en parfait masochiste.

Il est vrai qu'il s'est fait une raison depuis longtemps et a abandonné toute idée de succès. Et s'il se maintient c'est pour ne pas réitérer l'épisode des européennes. Il essaye donc de donner le change, mais il fait difficilement illusion. En le regardant, sa mélancolie saute aux yeux, les sourires se font rares et il arbore la mine des mauvais jours de façon quasi-permanente. Il faut dire qu'il n'est pas épargné par les coups bas dans cette campagne. La droite parisienne est un véritable panier de crabes[43] et il y a été parachuté en pensant bâtir le rassemblement qu'il ne peut, finalement, concevoir avec le maintien de Jean Tibéri, accablé par les affaires. Son premier adjoint, Jean Dominati, n'hésite pas à dévoiler, malgré lui, la philosophie de la campagne Tibéri : « Et s'il fallait s'allier avec le diable, je m'en fiche, moi du diable ! Ce que je veux c'est que je gagne ». Dans son propre camp, si on n'ose pas se confronter à lui, on parle volontiers lorsqu'il a le dos tourné. Rien n'est plus étranger à la conception que Philippe Séguin se fait de la politique. Alors,

---

[43] La gauche ne vaut alors pas mieux, seule la perspective de victoire leur donne une certaine dignité.

s'il ne peut remporter la mairie, il s'efforce de sauver son âme et les apparences. Quoique sur ce dernier point, il fasse montre d'un certain flegme pour ne pas dire d'une véritable désinvolture.

Le soir du second tour, il apparaît d'ailleurs soulagé de voir cette campagne se terminer. A la tribune, malgré la défaite, il retrouve le sourire qu'il n'avait plus affiché depuis longtemps avec une telle intensité. Il présidera ensuite le groupe RPR-DL en opposition à Bertrand Delanoë[44] sans jamais tolérer un rapprochement avec les tibéristes. Ce n'est qu'à partir de son départ en 2003 que les deux groupes s'empresseront de fusionner, l'empêcheur de tourner en rond étant parti pour de bon. Cette campagne fut le tombeau de sa carrière politique. Il s'attendait à un grand débat digne de la capitale et il découvrit la petitesse des rancœurs de la droite parisienne et l'ennui de sujets très terre à terre. L'homme des fulgurances et des envolées lyriques s'est retrouvé à devoir disserter des affaires de moto-crottes. La chute fut lourde. Cette campagne a symbolisé la figure du perdant reprise en échos par les journalistes pour qualifier Philippe Séguin. Une image de perdant magnifique qui résume maintenant aux yeux de beaucoup d'observateurs sa carrière politique comme elle colle souvent, en sport, aux équipes françaises.

---

[44] Il eût probablement plus d'accointance alors avec le maire socialiste de Paris qu'avec ses propres troupes.

Il est vrai que l'intéressé avait quelques antécédents. Le référendum de Maastricht par exemple et cette courte défaite du « Non » symbolisée par son face à face avec François Mitterrand. Le soir du résultat, avec Charles Pasqua, ils furent, en un sens, soulagés de ne pas avoir gagné. Parce qu'ils ne savaient pas quoi faire ensuite. Non pas comme les tenants du Brexit sur la politique à mener pour leur pays, Séguin avait une vision claire de ce qu'il voulait appliquer à la France. Mais s'agissant du RPR. Pour Philippe Séguin, le meilleur candidat du mouvement gaulliste restait Jacques Chirac. Désavoué par la victoire du « Non », il ne savait pas ce qui se passerait. Devrait-il évincer le chef historique du RPR ? Autrement dit, tuer le père, ou le soutenir malgré un peuple hostile à ses positions ? La victoire du « Oui » réglait l'affaire même si l'électorat gaulliste avait majoritairement voté pour le « Non ». Mais de toute façon, il était inconcevable, pour lui, de tuer le père. Il aurait fallu que Chirac se retire, seule hypothèse qui aurait conduit Séguin à endosser le premier rôle comme il le raconte dans ses mémoires. « Comme on a déjà rapporté qu'Alain Juppé avait déclaré à cette époque que, si Chirac n'était pas en mesure de l'emporter, il faudrait se poser des questions, ou encore qu'il irait jusqu'au bout, mais qu'en cas de nécessité il irait le voir pour lui dire d'arrêter, je peux m'autoriser moi-même à relater qu'il vint me tenir ce langage au cours d'un déjeuner et qu'il me précisa que j'aurais sans doute à l'accompagner dans cette démarche délicate... Je pris simplement acte de ses intentions, lui dis qu'il fallait attendre et voir, mais m'abstins de lui révéler l'essentiel : si Chirac se retirait, j'étais décidé à me porter candidat à sa place. Je le confirmerais d'ailleurs publiquement à Lyon, en réunion publique, devant Chirac et lui, quand le problème ne paraîtrait plus se poser. Je ne sais pourquoi, mais très vite je sentis que ma candidature ne serait pas nécessaire »[45].

Aurait-il pu, dans ce cas, accéder à la fonction suprême ? Après tout, si Jacques Chirac a été élu en 1995, c'est en grande partie grâce à lui. Toutefois avec ou sans Chirac l'affaire n'aurait pas été identique. Car si Chirac était esseulé, il disposait encore de quelques proches comme Bernard Pons, Jean-Louis Debré et Alain Juppé même si sa position n'a été certaine qu'une fois la victoire esquissée. Philippe Séguin aurait sans doute été encore plus esseulé. Son fidèle François Fillon avait déjà rallié Edouard Balladur, tout comme Charles Pasqua. Auraient-ils changé de camp en cas de candidature Séguin ? Pas sûr. Et en cas de désistement, force est de croire que la majorité des chiraquiens auraient rallié le Premier ministre d'alors, tout comme la majorité des indécis. On peut penser, néanmoins, qu'il aurait bénéficié du concours de quelques gaullistes convaincus, sensibles à son discours sur le traité de Maastricht. Mais cela n'aurait probablement pas fait le poids. Séguin aurait sans doute été aussi flamboyant que lors de la campagne pour Chirac, lui permettant probablement d'atteindre un score honorable davantage destiné à servir de tremplin pour 2002. Nul doute que le paysage politique

---

[45] Philippe Séguin, *Itinéraire dans la France d'en bas, d'en haut et d'ailleurs*, *op.cit.*, p.453-454

aurait été transformé avec une volonté de Philippe Séguin de rénover le gaullisme et peut-être même la création d'un nouveau parti qui se serait sûrement placé dans l'opposition en cas de victoire d'Edouard Balladur. Mais l'Histoire ne se déroula pas ainsi. En n'étant pas nommé à Matignon après la victoire Séguin essuya un nouvel échec, bien qu'il n'y soit pas pour grand-chose.

Il est tentant également de s'interroger sur ce qu'il se serait passé s'il avait été Premier ministre. Les qualités intellectuelles, il les avait indéniablement. Il incarnait parfaitement aussi la ligne de « la fracture sociale » qui permit à Chirac de l'emporter. Il se murmure qu'il n'aurait pas été nommé du fait de son caractère, Chirac ayant peur de n'être plus pris au téléphone rapidement. Il est vrai qu'il ne s'est pas privé de le faire après 1995. Une manière bien à lui de signifier à Chirac sa déception. Pourtant, Philippe Séguin était trop respectueux de la logique institutionnelle de la Vème République pour agir de la sorte s'il avait été à Matignon. Il était conscient que la légitimité du Premier ministre provenait du Président de la République et de personne d'autre. En outre, il reconnaissait Jacques Chirac comme le chef du mouvement gaulliste. Après, il est vrai qu'Alain Juppé collait mieux à la majorité parlementaire issue de la vague bleue de 1993. Séguin, avec son discours social, paraissait peut-être trop à gauche. Une chose est sûre, la politique menée par Philippe Séguin aurait été tout à fait différente de celle d'Alain Juppé. Avec une meilleure issue ? Difficile à dire. Dans l'hypothèse d'un échec, il n'y aurait pas eu de dissolution en tout cas. Séguin aurait probablement démissionné avec fracas et Chirac n'aurait pas hésité à appeler Juppé à sa place. En cas de succès, est-ce que Chirac n'aurait pas pris ombrage de son Premier ministre ? N'aurait-il pas, dans ce cas, tout fait pour mettre des bâtons dans les roues d'un homme qui aurait pu le concurrencer en 2002 ? Sans doute. La conception de la politique de Jacques Chirac se rapportait, principalement, à la conquête et à la préservation du pouvoir, les questions de fond lui important peu[46]. Et son côté « tueur » n'est plus à démontrer. Il se serait donc sûrement ingénié à mettre de côté un Philippe Séguin devenu dangereux pour son maintien quoique peu féru de tactique politicienne. D'ailleurs, dans la réalité, Jacques Chirac a tout fait pour mettre hors-jeu l'ancien Président de l'Assemblée nationale, que ce soit durant sa présidence du RPR ou lors de la campagne pour la mairie de Paris. Non sans une certaine réussite.

Philippe Séguin évoque aussi la figure de Cassandre, cette pythie à qui Apollon conféra le don de voir l'avenir mais qui, furieux qu'elle se refuse à lui, cracha dans sa bouche afin qu'elle ne puisse jamais être crue. Dans le débat public, l'expression « jouer les Cassandre » apparait volontiers péjorative, désignant ainsi les personnes jouant les rabat-joie en pointant du doigt certains dangers. Or, dans

---

[46] François Bayrou raconte ainsi que lors d'un entretien, Jacques Chirac lui proposa de rédiger le programme qu'il souhaitait pour les Européennes afin de faire une liste commune. Ce à quoi, l'actuel maire de Pau rétorqua que leurs deux familles politiques avaient des visions opposées sur l'Europe, ce qui ne sembla pas tracasser Chirac plus que ça.

la mythologie grecque, Cassandre ne se trompe jamais. Elle est seulement impuissante. Si Philippe Séguin n'a pas toujours eu raison, loin s'en faut, il a fait montre, toutefois, d'une grande clairvoyance sur nombre de sujets, ce que d'aucuns lui reconnaissent…aujourd'hui. Sur le moment, en revanche, il parut bien seul à défendre ce qu'il pensait. Ce fut le cas sur l'Europe. Alors que les défenseurs du traité de Maastricht et de la monnaie unique promettaient une croissance forte et la création de millions d'emplois qui tariraient le chômage, Séguin affichait son scepticisme et dénonçait notamment l'indépendance de la banque centrale européenne et les dérives technocratiques de la construction européenne. « On nous dit que la monnaie unique est la clé de l'emploi. On nous annonce triomphalement qu'elle créera des millions d'emplois nouveaux, jusqu'à cinq millions, selon M. Delors, trois ou quatre, selon le Président de la République. Mais que vaut ce genre de prédiction, alors que, depuis des années, le chômage augmente en même temps que s'accélère la construction de l'Europe technocratique ? Par quel miracle la monnaie unique pourrait-elle renverser cette tendance ? Oublierait-on que certaines simulations sur les effets de l'union monétaire sont particulièrement inquiétantes pour la France puisqu'elles font craindre encore plus de chômage dans les années à venir ? En vérité, tout ce que notre économie doit d'incontestablement positif à la construction européenne, c'est la fin du protectionnisme intracommunautaire, ce qui n'a rien à voir ni avec l'harmonisation à tout prix ni avec la monnaie unique ».

Vingt-cinq ans plus tard, les propos de l'ancien député des Vosges se sont, malheureusement, vérifiés.

S'agissant du chômage également, le « Munich social » qu'il dénonçait résonne avec une profonde acuité. Il est même inscrit dans les statuts de la banque centrale européenne puisque celle-ci n'a pour seul objectif que de contenir l'inflation. A aucun moment elle n'est tenue d'entraver la montée du chômage. A cet égard, Philippe Séguin appelait à la définition d'un nouveau paradigme. Dès 1987, il affirmait dans *l'Heure de vérité* sur Antenne 2, que le plein emploi tel qu'il fut pendant les Trente glorieuses ne réapparaîtrait pas. Au fond, selon lui, contrairement à ce que beaucoup pensaient alors, on ne connaissait pas une crise, qui est par définition passagère car, disait-il, « ce que nous vivons a un début, qu'on peut situer pour la commodité à 1973, mais n'a probablement pas de fin prévisible ». La permanence d'un fort taux de chômage dans les sociétés européennes, et tout particulièrement en France, tend également à lui donner un satisfecit quant à cet exposé.

Philippe Séguin, s'il ne parvenait pas à convaincre ses contemporains sur la pertinence de ses observations, n'avait pas davantage de succès avec ses compagnons du RPR, à commencer par Jacques Chirac. Sur une candidature inéluctable d'Edouard Balladur, il le prévint, avec d'autres, dès 1993. Sans succès. Sur le caractère inopportun de la dissolution ensuite. Ainsi, ce dernier obligé par la Constitution à consulter le Président de l'Assemblée nationale avant de prononcer sa dissolution, fit venir

Philippe Séguin pour évoquer le sujet. Ce dernier lui remit une note consignant son analyse sur l'opportunité d'une telle décision, bien qu'il ne se fit aucune illusion quant à sa prise en compte par le Président de la République. Le Président de l'Assemblée nationale lui prédit une défaite inéluctable, ce que ne voulut pas croire un Jacques Chirac encouragé par Dominique de Villepin et Alain Juppé, au grand dam de son épouse, Bernadette. « Les variations récentes enregistrées par les sondages n'affectent guère la réalité crue qui tient en deux constats fort simples : la persistance d'un sentiment très élevé de désapprobation à l'égard de la politique du Gouvernement, et le maintien de plusieurs personnalités de gauche à un très bon niveau de popularité. Il n'y a encore aucun frémissement réel ni durable en faveur de la majorité et de la politique actuelle, à part une très médiocre - et passagère - « remontée » dans les paliers les plus bas de l'échelle. On ne peut tabler sur la faiblesse présente de la gauche pour gager un éventuel succès électoral. Le FN, toujours sous-estimé par les sondages, se maintient à un niveau assez élevé pour provoquer un nombre impressionnant de triangulaires. […] Ajoutons que le caractère tactique et politicien de la dissolution n'échappera à personne, et sera abondamment souligné par la gauche, et surtout le FN : ce qui aggravera encore le discrédit du politique et favorisera les comportements déjà observés (abstentionnisme, vote extrémiste) ». Il ajoutait que la fonction d'arbitre au-dessus des partis du Président de la République serait grandement atteinte et qu'il serait alors condamné, en cas de défaite, à une « auriolisation » assurée ».

Si l'on évoque généralement ces épisodes ainsi que celui des Européennes de 1999 pour nourrir cette réputation de « looser », en revanche, on oublie de parler d'un événement, qui constitue, probablement, sa plus grande défaite politique et dont les effets générèrent des conséquences beaucoup plus importantes : la création de l'UMP. Car ce parti, fruit de la fusion du RPR avec une partie des centristes, constitue la fin du mouvement gaulliste. Et c'est pour cela que Philippe Séguin refusa d'y entrer. Il fut le seul poids lourd du RPR à agir de la sorte, Charles Pasqua ayant déjà fondé son propre mouvement. Ce qui tend à accréditer la plaisanterie de François Mitterrand selon laquelle Séguin était, au fond, le dernier représentant des gaullistes.

Cette droitisation du gaullisme tire son origine du mandat de Georges Pompidou. Au départ du général de Gaulle, en 1969, Jacques Chaban-Delmas souhaite ouvrir la majorité aux centristes et même au-delà aux radicaux. Le Président de la République, s'il soutient cette volonté d'élargissement de la majorité, la limite aux seuls forces centristes. La tension Pompidou/Chaban se cristallise précisément sur le positionnement politique. Pompidou, encouragé par le tandem Juillet/Garaud, entend installer le gaullisme définitivement à droite[47], tandis que Chaban, à la fibre sociale plus prononcée, espère confirmer la vocation du mouvement gaulliste à transcender les clivages. A la fin des années 80, début des années 90, éclot l'idée de créer un grand parti de la droite et du centre pour affronter plus efficacement les socialistes. Valéry Giscard d'Estaing, Alain Juppé, Edouard Balladur y sont favorables, Séguin et Pasqua très défavorables, tout comme François Bayrou chez les centristes. C'est d'ailleurs contre ce dessein qu'ils présentent une motion dissidente aux assises du RPR du Bourget en 1990[48]. A leurs yeux, ce serait nier la spécificité du gaullisme que de l'amalgamer à un simple parti de droite. Chirac, lui, s'en moque. A ses yeux le RPR est son mouvement, celui qu'il a fondé en 1976. Pour Philippe Séguin, le RPR n'est que la structure officielle regroupant un mouvement né le 18 juin 1940. Le parti doit être un forum d'échanges d'idées et non pas une entreprise au service de l'ambition d'un homme. Cela fait une différence fondamentale. L'opposition sur le traité de Maastricht marque un autre clivage de fond entre les deux hommes. Séguin défend l'essence du gaullisme contre un texte à vocation fédéraliste. Chirac, lui, estime que pour être

---

[47] Jacques Chirac qui a finalement définitivement ancré à droite le mouvement gaulliste (jusqu'à détruire sa singularité) est un pompidolien davantage qu'un véritable gaulliste. Ceci expliquant sans doute cela.

[48] A noter que la motion en question obtint un tiers des votes contre deux tiers pour la motion Chirac/Juppé. Certaines personnes estiment que le résultat fut, en réalité, truqué et que la motion Séguin/Pasqua avait gagné. Aucune preuve formelle ne l'atteste mais force est de constater que la démocratie interne n'a jamais été le fort du RPR.

Président de la République, il doit prouver son engagement européen. Encore une fois, l'opposition entre les convictions d'un côté et l'ambition présidentielle de l'autre. Sa démission lors de la campagne des Européennes est aussi liée à cette conception du mouvement gaulliste puisque Philippe Séguin se battait contre une vision d'un parti de supporters de Jacques Chirac.

Séguin étant hors-jeu après sa démission de la présidence du RPR et sa défaite à la mairie de Paris, Chirac peut alors manœuvrer sans problème pour créer ce grand parti de la droite qu'il destine à Alain Juppé. Michelle Alliot-Marie, alors présidente du RPR, ne fait pas mystère de la nature du nouveau mouvement qu'elle qualifie de « grand parti chiraquien, ou quelque chose comme ça ». L'intitulé du parti est aussi éloquent : « Union pour la majorité présidentielle »[49]. Il n'y a plus de référence à la France ou à la République comme ce fut le cas de tous les mouvements gaullistes jusqu'ici. La page est donc officiellement et définitivement tournée. Et Philippe Séguin en prend acte, refusant d'intégrer cette formation naissante et décidant de quitter la politique en annonçant le 11 octobre 2002, depuis le Québec où il s'est exilé, qu'il démissionne de son mandat de conseiller municipal à la mairie de Paris. A ceux qui prendront ce refus d'intégrer l'UMP comme une ultime rebuffade, il rétorquera plus tard : « L'UMP, ce n'était pas la goutte d'eau, c'était l'essentiel. Et sur l'essentiel, on ne transige pas. » Ayant refusé de se représenter aux élections

---

[49] Le mouvement deviendra rapidement l'Union pour une majorité populaire.

législatives, par respect pour les électeurs d'Epinal[50], il réintègre alors la Cour des comptes comme simple conseiller de première classe, trop fier pour réclamer quoi que ce soit. Il est, néanmoins, nommé dans la foulée représentant de la France au Bureau international du travail à Genève. Il dit alors de lui, quelque peu désabusé : « Au fond, on pourra toujours dire : « à défaut de servir la Nation, il sert l'État ».

Toutefois, il serait assurément réducteur de limiter la carrière politique de Philippe Séguin à ces échecs. Car d'un point de vue électoral, l'intéressé a remporté aussi de nombreuses victoires. Et ce, dès sa première élection en 1978, quand son rival Alain Juppé connut quelques échecs avant de bénéficier d'un point d'ancrage assuré à Paris en 1986. Séguin remporta une circonscription promise à la gauche et y pérennisa l'implantation de son parti[51]. Ce qui ne fut pas une mince affaire. Il fut, dès 1983, élu maire

---

[50] Jack Lang n'aura pas la même élégance puisque qu'après s'être porté candidat à la mairie de Paris alors qu'il était maire de Blois, il se représenta tout de même aux municipales dans cette même ville et fut battu.

[51] Philippe Séguin n'a jamais perdu une élection législative, même quand le contexte national lui était défavorable. Il a, au final, perdu deux scrutins (le référendum de 1992 et celle de la mairie de Paris) et démissionné aux européennes. Si l'on compare avec d'autres grands noms, il n'a pas à rougir et sa réputation de « grand looser » apparaît quelque peu surfaite. Alain Juppé, par exemple, a perdu deux élections législatives (1978 et 2007) ainsi que la primaire de droite de 2016. François Mitterrand a échoué à se faire élire à la constituante de juin 1946, fut battu aux législatives en 1958 et échoua deux fois aux présidentielles. Jacques Chirac essuya deux défaites aux présidentielles, un échec aux européennes de 1979, une défaite au référendum de 2005 sans oublier l'épisode de la dissolution. La seule différence c'est que Séguin a préféré quitter la politique plutôt que de s'accrocher à sa carrière.

d'Épinal sans discontinuer jusqu'à sa démission en 1997 et sa prise de fonction à la tête du RPR. Il estimait que sa position de chef de parti n'était pas compatible avec celle de maire, qui se doit d'être au-dessus des partis. En 1988, dans un contexte compliqué pour la droite, et tandis que les sondages annoncent sa défaite, il refuse la proposition de Chirac d'être parachuté dans une circonscription imperdable pour le RPR. La campagne est compliquée, l'écart avec son adversaire socialiste si serré que sa défaite est, un temps, annoncée, précipitant la venue à Épinal de la journaliste vedette Claire Chazal pour obtenir l'interview du grand perdant. Pour son plus grand déplaisir, Philippe Séguin l'emporte finalement, dissipant ainsi l'odeur de sang qui avait attirée dans les Vosges tant de médias.

En 1992, si le « Oui » sort finalement vainqueur, il ne faut pas oublier qu'il était largement en tête (environ 65% des intentions de vote dans les sondages) au moment où Philippe Séguin se lança dans la bataille. Et sous son impulsion, le « Non » gagna en importance sans, pour autant, inverser la tendance. Enfin, en 1995, il fut le facteur X qui permit à Chirac de renverser le rapport de force avec Balladur et d'entrer à l'Élysée. Nul autre homme politique n'a eu tant d'influence sur un scrutin présidentiel que Philippe Séguin en 1995. Exception faite, bien entendu, des vainqueurs eux-mêmes.

Enfin, de « pupille de la Nation » issu d'une famille modeste, Philippe Séguin est devenu Député, Maire, Ministre, Président de l'Assemblée nationale (à savoir le quatrième personnage de l'Etat), Président du RPR, Premier président de la Cour des comptes. On ne peut pas dire que ce soit exactement le pedigree d'un « looser ». En réalité, si d'aucuns qualifient d'échec la carrière politique de Philippe Séguin, c'est pour souligner, avant tout, qu'il disposait de qualités exceptionnelles mais connut un destin qui ne fut probablement pas à la hauteur de son intelligence et de ses fulgurances. Et le mot qui vient à l'esprit serait peut-être plutôt celui de « gâchis ». Si l'on connaît le jugement de ses contemporains, on ignore encore le sort que lui réservera l'Histoire.

8. Un homme mélancolique

En ce courant de l'année 1998, les relations entre Philippe Séguin et Jacques Chirac sont ombrageuses. Si leur relation s'est toujours accompagnée d'une certaine incompréhension, quelque chose semble s'être définitivement cassé entre les deux hommes depuis la non nomination de Séguin à Matignon. Ce dernier nourrit une certaine rancœur à l'égard de Chirac qui est plus défiant que jamais envers celui qui a pris le RPR à la hussarde pour mettre sur la touche Alain Juppé. Ils déjeunent ensemble une fois par semaine mais n'ont quasiment rien à se dire. Ils divergent tellement sur la stratégie à suivre qu'ils ont renoncé à évoquer les questions politiques. Alors, pour combler les blancs, le Président de la République s'essaye, maladroitement, à aborder le sujet fétiche de son interlocuteur : le football. Malheureusement, il n'y connait pas grand-chose et s'empêtre dans ses propos devant un Philippe Séguin consterné. S'il est froid et implacable sur le plan politique, Jacques Chirac éprouve une certaine affection pour son tumultueux cadet. Mais contrairement à Philippe Séguin, lui sait parfaitement compartimenter les deux. Et à ce moment-là, Chirac s'inquiète sincèrement pour lui. Il le voit bien errer à la tête du RPR, traînant son désespoir comme un bagnard traîne son boulet, mais il peut difficilement lui en parler. Aussi, appelle-t-il régulièrement le chef de cabinet du président du RPR pour s'enquérir du moral de son patron. Un moral qui est alors très mauvais.

La mélancolie de Philippe Séguin l'a suivie toute sa vie, avec des périodes de plus ou moins grande intensité. Winston Churchill, qu'admirait l'ancien Président de l'Assemblée nationale, connaissait aussi de longues périodes de déprime, un mal qu'il combattait difficilement et qu'il appelait son « *black dog* ». Le mal de Philippe Séguin était plus continu et s'assimilait à un sentiment de mal être quasi permanent. Paradoxalement, peu d'hommes politiques ont ri autant que lui en interview. Il n'y a qu'à regarder un de ses entretiens télévisés au hasard, et on est frappé par le nombre de rires qui ponctuent ses interventions quand l'exercice commande généralement le plus grand sérieux quitte à sombrer dans une certaine austérité. Dostoïevski disait « Si vous voulez étudier un homme, ne faites pas attention à la façon dont il se tait, ou dont il parle, ou il pleure, ou même dont il est ému par les nobles idées. Regardez-le plutôt quand il rit ». Et lorsqu'on regarde rire Philippe Séguin, on ne peut s'empêcher d'y voir une diversion, une sorte de ruse pour détourner le spectateur de sa tristesse. On peut le lire aussi comme une bravade contre cet état d'abattement, une sorte de « politesse du désespoir » ou pour reprendre la formule de Romain Gary comme un moyen d'affirmer « la supériorité de l'homme face à ce qui lui arrive ». Toutefois, son rire, et son visage, demeurent les indicateurs certains de son moral comme la taille de sa barbe révèle son degré d'ambition du moment. Philippe Séguin appartient à cette catégorie de personnes incapables de dissimuler dans leur attitude leur sentiment profond. Et si cette mélancolie provient essentiellement de son histoire et de sa vie privée, la vie publique n'y est pas tout à fait étrangère non plus. Il confie ainsi à la caméra de Serge Moati en 1996 qui l'interroge sur les causes de ce mal : « La mélancolie, c'est de voir que mon pays, au fil des années, ressemble de moins en moins à ce que je voudrais qu'il soit. Alors que paradoxalement, le degré relatif d'influence que je peux avoir sur les choses a plutôt tendance à s'accroître. Il y a de quoi être mélancolique. »

Philippe Séguin n'était pas d'un naturel optimiste. Lui se disait lucide, d'aucuns le taxaient d'un pessimisme qui confinait au désespoir. Nicolas Sarkozy dit ainsi de lui : « Sa vision de la vie est les bons jours pessimistes, quant aux mauvais... » Foncièrement pessimiste, Philippe Séguin refusait, paradoxalement, tout fatalisme. Il aurait pu faire sienne la célèbre fameuse de Gramsci : « pessimiste par l'intelligence mais optimiste par la volonté ». Il se refuse par exemple à subir le diktat de l'opinion ou la sentence des sondages. « L'opinion, disait-il, il faut la considérer comme la considéraient les juges de l'ancien temps c'est-à-dire comme une garce qui n'avait pas le droit d'entrer dans le prétoire [...] L'opinion publique c'est de la matière, c'est de la pâte à modeler [...] mais trop de gens pensent que la pâte à modeler est l'œuvre finale (...) et ça c'est la négation de la démocratie. Car la démocratie implique de l'élu deux choses : d'une part une capacité de représentation donc d'expression mais également un rôle d'éclairage, de conduite, de leadership ». Il fulminait aussi contre toutes les pesanteurs, les « à quoi bon ? », tous ces obstacles réels ou supposés qui constituent un frein à l'action. Tandis que d'aucuns fantasment la notion de pouvoir, lui en dressait une définition quelque peu désabusée : « Ce qu'on appelle le pouvoir c'est une lutte permanente contre l'impuissance. L'impuissance liée à l'incompétence, aux habitudes, aux inerties, etc. C'est parfois éreintant d'essayer de bouger les choses. » Blasé, c'est le qualificatif qui pourrait lui convenir, si bien illustré par ces nombreuses images où on le voit, notamment au perchoir, les paupières lourdes, non de fatigue, mais de lassitude face à la bêtise et les insuffisances de ses pairs. Dire qu'il n'a jamais eu de grande estime pour ses collègues est un euphémisme. Il ne cachait même pas son mépris à l'endroit de certains. Ainsi, évoquant les ex-soutiens d'Édouard Balladur devenus majoritaires autour de Jacques Chirac en 2002, il assénait, péremptoire : « comme quoi il y a des gens qui sont sans foi ni loi, sans conviction. Ce sont des lavettes. Le problème c'est qu'on les retrouve souvent au Gouvernement de la France »[52]. Si le constat n'est pas faux, on sent tout de même poindre une touche de dépit dans cette déclaration. Il n'y a pas, pour autant, de jalousie de sa part. Il aurait sans doute souhaité connaître d'autres responsabilités gouvernementales, mais pas à n'importe quel prix. On murmure d'ailleurs qu'il lui fut proposé de disposer d'un grand ministère sous Sarkozy, et qu'il s'empressa de refuser. Que cela soit vrai ou non, il est probable qu'une telle expérience se serait terminée par une démission fracassante. Il n'aurait pas troquer la liberté dont il disposait à la tête de la Cour des comptes pour un portefeuille ministériel, si prestigieux soit-il.

Philippe Séguin était conscient du rôle de Jacques Chirac dans son échec personnel mais il se blâmait avant tout d'avoir cru que son aîné lui portait un quelconque intérêt. Il aurait, selon lui, dû comprendre dès le début la véritable nature de Chirac, le fait que pour lui « la fidélité des autres lui importe moins que leur utilité »[53] et le fait également qu'il n'avait pas confiance en lui. Peut-être aurait-il ainsi évité la fuite en avant suicidaire de la fin des années 90. Bien qu'on ne puisse le réduire à ce caractère comme aiment à le faire beaucoup d'observateurs, on ne peut pas nier la prégnance de son tempérament personnel

---

[52] Les propos, qu'on pourrait croire prononcés en « off », sont, au contraire, tirés d'un entretien filmé avec Patrick Rotman pour son documentaire sur Chirac.

[53] Philippe Séguin, Itinéraire dans la France d'en bas, d'en haut et d'ailleurs, op.cit., p.532. Il prend bien soin de préciser que ce constat vaut seulement pour la sphère publique car « en privé, il est capable des gestes les plus généreux… et les plus gratuits ».

dans sa fin de carrière politique en eau de boudin. « J'aurai tout manqué, même ma mort » [54] aurait dit Cyrano. Séguin regrettait parfois son coup de sang de 1999. Mais si cela a indéniablement précipité sa fin de carrière, il n'aurait de toute façon pas pu éviter la fin du gaullisme partisan. La création de l'UMP impliquant l'émergence d'un parti de droite classique semblait inéluctable. Au mieux aurait-il pu repousser l'événement de quelques années. Le RPR ressemblait déjà beaucoup à un parti de droite dans les années 90. On demandait d'ailleurs à Jacques Chaban-Delmas ce qu'il faisait au RPR. Il répondait que c'était encore là que l'on retrouvait le plus de gaullistes. L'argument vaut sans doute pour Philippe Séguin, même si la proportion de cette espèce en voie de disparition tendait sans cesse à s'amenuiser. Le problème selon lui provenait du fait que la gauche s'était détourné du gaullisme amenant le mouvement à pencher vers la droite.

Philippe Séguin aurait sans doute pu constituer le pont entre les souverainistes des deux bords. Il aurait pu tendre la main à Jean-Pierre Chevènement pour bâtir un mouvement néo-gaulliste authentique et moins orienté à droite. Mais il ne croyait pas la chose possible, et sans doute était-il trop attaché à la structure officielle du gaullisme pour franchir le Rubicon. Le succès du Front national et son OPA sur le souverainisme s'expliquent d'ailleurs en partie par la mort politique de Philippe Séguin et Charles Pasqua. Cela créa un vide politique que Nicolas Dupont-Aignant se révèle

---

[54] Acte V, scène 6

incapable de combler, principalement par manque de charisme et du talent politique de ses aînés. La vieillesse de Jean-Pierre Chevènement puis son retrait de la vie politique active complète l'explication sur la perte de vitesse du souverainisme partisan et sa récupération par le FN incarnée par Florian Philippot qui s'est inventé pour l'occasion un passé chevènementiste[55]. L'autre singularité qu'incarnait Philippe Séguin c'était un souverainisme de centre-gauche tandis que tous les autres sont désormais soit très à droite sur l'échiquier politique comme Dupont-Aignant, voire à l'extrême pour le Front national, soit à gauche du parti socialiste comme les chevènementistes. D'où un désir chez leurs adversaires de les extrêmiser au possible et les sortir du champ politique « acceptable ». Une chose qui n'était pas possible avec Philippe Séguin, que l'on pourrait qualifier de modéré en dépit de son tempérament volcanique.

Evoquons ce tempérament justement. Que n'a-t-on dit à ce propos ? Il a indéniablement fait la renommée du personnage et quoiqu'on en dise il participe de son aura. Car s'il a pu usé parfois de ses colères de manière blessante avec ses collaborateurs, celles-ci étaient immédiatement oubliées. De plus, il savait utiliser ce tempérament tempétueux de manière adéquate en politique. Ainsi, le fit-il lors d'un débat sur l'adoption du budget de la défense. Le ministre concerné n'arrivant pas, Philippe Séguin, présent au perchoir, décida de lever la séance au bout de vingt minutes pour sanctionner

---

[55] https://oeilsurlefront.liberation.fr/les-idees/philippot-un-chevenementiste-tres-discret

ce manque de respect à l'égard de l'Assemblée nationale. L'affaire fit alors grand bruit, puisqu'il ne s'était pas contenté de suspendre la séance mais l'avait carrément levée, obligeant ainsi le ministre concerné à trouver un nouveau créneau dans un calendrier parlementaire saturé. Comme son illustre prédécesseur, Jacques Chaban-Delmas, Philippe Séguin détestait les retards. Il se permettait donc de refuser de voir n'importe quel interlocuteur qui n'était pas ponctuel, fut-il ministre. Mais inversement, il tenait par-dessus-tout à être toujours à l'heure à ses rendez-vous. Il n'était donc pas rare qu'il patiente dans sa voiture, fumant allègrement, le temps que l'heure de l'audience advienne.

Mais peut-on vraiment dire que ses colères lui coûtèrent sa carrière ? Roger Karoutchi rappelait à un colloque sur Philippe Séguin que s'il ne fut pas nommé Premier ministre c'est parce qu'il était opposé aux thèses monétaristes en vogue et que Jacques Chirac préférait nommer quelqu'un d'européiste et rassurant pour les marchés en la personne d'Alain Juppé. Et selon l'ancien chef de cabinet du président de l'Assemblée nationale, ce n'est pas tant le fait de ne pas avoir été nommé qui chagrinait Séguin, mais le fait que la campagne avait été un leurre et que les électeurs allaient se faire voler leur voix. D'où l'avertissement à Jacques Chirac déjà mentionné. Et pour aller dans le sens de l'ancien ministre de Nicolas Sarkozy, vu les choix ultérieurs de Jacques Chirac vers la droitisation définitive du RPR, il était plus logique d'appeler Alain

Juppé qui militait pour ce mouvement que pour Séguin dont la ferveur gaulliste les laissait dubitatifs. Au fond, ce sont donc ses idées qui lui ont coûté le poste de Premier ministre et son échec à empêcher la constitution d'un parti de droite classique. Sa mélancolie et son caractère impulsif ne sont venues que se greffer par-dessus. Mais si son départ de la vie politique n'a pas été facile, il n'était pas malheureux de se retrouver à la Cour des comptes dans une optique, une fois encore, de service de l'État. Il confiait d'ailleurs ne pas avoir choisi la politique par plaisir mais par devoir. S'il avait choisi une profession pour le plaisir il aurait volontiers enseigné l'Histoire. Cet historien accompli savait que l'Histoire est tragique. Mais dans un mélange de pessimisme et de volontarisme qui le définissait si bien, il aimait conclure : « En attendant que ça finisse mal, on peut essayer de faire des choses bien entre-temps ».

Conclusion

« Ne le plaignez pas trop : il a vécu sans pactes,

Libre dans sa pensée autant que dans ses actes. »[56]

Cyrano de Bergerac, Acte V, Scène II

Ce 11 janvier 2010, la République est en deuil. Elle pleure celui qui fut, des années durant, son défenseur le plus ardent. De Jacques Chirac à Martine Aubry en passant par François Bayrou ou Henri Emmanuelli, tout ce que la France comprend de grands responsables politiques est réunie dans l'église Saint-Louis des Invalides. Seuls Édouard Balladur, Dominique de Villepin et Lionel Jospin ont refusé de se joindre à l'unanimité de cet hommage, par refus de l'hypocrisie. A l'extérieur, de nombreux anonymes sont venus adresser un dernier adieu à cette voix chaleureuse qui leur parlait, avec passion, de la France et de la République. Nicolas Sarkozy prononce l'éloge funèbre émouvant rédigé par Henri Guaino. La messe terminée, tout le monde se déplace dans la Cour d'honneur à la suite du cercueil du défunt. Les honneurs militaires sont alors donnés à Philippe Séguin qui est gratifié de deux *Marseillaises*. Charles Pasqua, entre-temps, a écrit dans le livre d'or présenté aux

---

[56] Guise à propos de Cyrano.

invités, cette phrase qu'il aurait tant aimé entendre de son vivant : « Tu étais le meilleur d'entre nous ».

Dans son papier sur Philippe Séguin, Alain Duhamel écrivait que la dulcinée de ce dernier se nommait Marianne. Comme Cyrano, Philippe Séguin dût souffrir de souffler à un autre les paroles que sa bien-aimée souhaitait entendre. Séguin/Cyrano dût souffrir également de voir Chirac/Christian récolter les lauriers pour les mots qu'il lui avait chuchotés. Et comme le bretteur gascon, il ne reçut de déclaration d'amour de sa bien-aimée que tardivement, trop tardivement.

La mort de Philippe Séguin a suscité dans le pays une véritable émotion dont témoigne ses obsèques dignes d'un chef d'État. A l'exception des trotkistes de Lutte ouvrière, des représentants de toutes les forces politiques ont exprimé leur respect pour les convictions et la carrière de Philippe Séguin. Cette unanimité ne manqua pas d'exaspérer certains fidèles de l'ancien Président de l'Assemblée nationale persifflant contre ceux qui avaient passé leur temps à le détruire de son vivant et lui tressaient désormais des lauriers. Que certaines personnes n'aient pas été sincères ne change pas grand-chose. Au contraire, le fait qu'elles se soient senties obligées de participer à l'hommage national traduit la force du sentiment qui étreignit alors la France. Cela est d'autant plus étonnant que la politique n'est pas véritablement en odeur de sainteté ces derniers temps. Alors comment expliquer cette émotion nationale si vive pour un homme qui aura, tout compte fait, peu exercé le pouvoir ?

Le premier élément de réponse tient précisément au fait qu'il a peu exercé les responsabilités exécutives. Ce qui ne l'empêchait pas, pour autant, d'agir avec responsabilité. Il aura été ministre deux ans entre 1986 et 1988, et encore n'aura pas pu appliquer la politique qu'il souhaitait. Pourtant, il a réussi à s'installer dans le cœur et la mémoire des gens. Il rejoint le panthéon de ces hommes comme Mirabeau, Gambetta et Mendès-France qui ont su marquer l'histoire de la France sans exercer de longues responsabilités, quoiqu'on ne puisse placer Séguin au même rang qu'eux. Il partage avec ces glorieux aînés un destin inachevé et cette frustration éternelle pour les observateurs, que la France n'ait pas pu exploiter pleinement leurs qualités exceptionnelles. Cette triple comparaison traduit également le fait que Philippe Séguin a surtout marqué l'histoire parlementaire. Incontestablement, sa trajectoire se rapproche de celle de Pierre Mendès-France. Tous deux ont laissé une empreinte inversement proportionnelle à la durée de leur passage au Gouvernement et on parle désormais de « séguinisme » comme on évoque le « mendésisme ». Le premier apparait à cet égard comme le pendant à droite de ce que fut le second pour la gauche, à savoir une référence morale indiscutable. Si les deux expériences ont constitué un échec du point de vue partisan, elles ont connu un succès posthume du point de vue éthique leur conférant un rayonnement dépassant les frontières de leur famille politique. Mais tout comme le mendésisme ou le gaullisme, le séguinisme a disparu avec son concepteur. Personne ne peut se revendiquer pleinement de son héritage. Certains hommes politiques peuvent défendre ça et là des idées partagées par Philippe Séguin, mais aucun ne peut prétendre défendre l'intégralité de son corpus d'idées[57]. Si le séguinisme conserve une certaine existence c'est en tant que boussole guidant l'action de certaines personnes.

Pierre Mendès-France et Philippe Séguin partageaient surtout des convictions communes. Sur le positionnement politique d'abord, ils se situaient au centre-gauche. Ils partageaient également une certaine réticence sur la manière dont s'effectuait la construction européenne, sans être pour autant anti-européens. Pierre Mendès-France vota ainsi contre le traité de Rome usant d'arguments que reprendra Philippe Séguin trente-cinq ans plus tard : « L'abdication d'une démocratie peut prendre deux formes, soit le recours à une dictature interne par la remise de tous les pouvoirs à un homme providentiel, soit la délégation de ces pouvoirs à une autorité extérieure, laquelle, au nom de la technique, exercera en réalité la puissance politique, car au nom d'une saine économie on en vient aisément à dicter une politique monétaire, budgétaire, sociale, finalement « une politique », au sens le plus large du mot, nationale et

---

[57] François Fillon, par exemple, qui revendique ouvertement l'héritage de Philippe Séguin a défendu un programme économique et sociétal aux antipodes de ce que défendait Philippe Séguin.

internationale »[58]. Philippe Séguin et Pierre Mendès-France partageaient, en outre, une certaine idée de la politique. La volonté de servir la République et de se confronter au réel sans jamais accepter d'exercer les responsabilités à n'importe quelle condition, autrement dit le refus de se compromettre pour un vulgaire maroquin. Les deux hommes dégageaient aussi un parfum de probité servant de valeur refuge tandis que les scandales s'accumulent ces dernières décennies. Ce qui n'est sans doute pas étranger à leur aura.

Outre un gabarit impressionnant, Philippe Séguin partageait avec Gambetta et Mirabeau, un talent de tribun hors du commun. Tout comme le premier, l'ancien maire d'Épinal n'a pas eu une sortie de scène à la hauteur de ses talents. Tout comme lui, il a très peu gouverné tout en étant impliqué dans les grands débats de son temps. Ils pensaient également que Nation et République étaient indissociablement liées. Ils ont défendu tous les deux le rôle de l'Assemblée nationale et sans doute figuré parmi les présidents de cette institution les plus actifs dans le débat politique français. Et finalement, comme Léon Gambetta, Philippe Séguin aura marqué la vie politique française « pour ce qu'il a été plus que pour ce qu'il a fait »[59]. Avec le second, Philippe Séguin partageait, outre une attache à la ville d'Aix en Provence, un goût pour une certaine

---

[58] Extrait du discours de Pierre Mendès-France contre le traité de Rome prononcé à l'Assemblée nationale le 18 janvier 1857
[59] La citation est de … Philippe Séguin sur Léon Gambetta in Philippe Séguin, *240 dans un fauteuil. La saga des présidents de l'Assemblée*, Paris, Editions du Seuil, 1995 p.880

modération enrobée d'un style bouillonnant. La présidence de l'Assemblée ne constitua pas pour Mirabeau, comme ce fut le cas chez Gambetta et Séguin, l'apogée de sa carrière ni, à dire vrai, un moment marquant. Les présidences étaient d'ailleurs très éphémères sous la Révolution. Mais Séguin et Mirabeau ont en commun d'avoir fasciné leurs contemporains par la force de leur voix et les avoir convaincus grâce à la puissance de leur éloquence. L'ancien président du RPR avait aussi en commun avec le révolutionnaire une certaine incapacité à se faire entendre ; de Chirac pour l'un, de Louis XVI pour l'autre. Enfin, il est drôle de lire certaines lignes que consacra le député gaulliste à son glorieux aîné. On ne peut s'empêcher, comme pour Gambetta, d'y voir une analogie avec l'auteur des lignes : « Lui-même avait conscience de sa force. Il se croyait digne du pouvoir. Mais il ne l'obtiendra pas. S'il a bien trouvé les « mots décisifs » de l'époque, il ne parviendra pas à en être le grand homme »[60] ou encore : « l'exceptionnel président qu'il sut être pendant quelques jours fait rêver à l'homme de gouvernement qu'il aurait pu être »[61]. Cette dernière phrase résume parfaitement l'état d'esprit de beaucoup de ses contemporains à l'égard de Philippe Séguin. Elle traduit le sentiment de gâchis partagé par de nombreux observateurs.

Un autre élément qui peut expliquer la popularité posthume de Philippe Séguin est le fait qu'il défendait un corpus idéologique clair. Non seulement, il incarnait le

---

[60] *Ibid.*, p.157
[61] *Ibid.*, p.158

gaullisme social, mais il lui était fidèle, en dépit des effets de mode. Il est un exemple de constance à une époque où les femmes et hommes politiques varient assez aisément sur leurs positions au gré du vent et de l'appel des portefeuilles ministériels. Partisan du débat d'idées, Philippe Séguin a développé une véritable pensée politique qu'il articulait avec une action concrète. Penseur agissant ou acteur pensant, il fut l'un des seuls hommes politiques ayant une véritable dimension d'intellectuel. Il bâtit une pensée structurée balayant tous les spectres de l'action publique, allant du local au global. Il fut ainsi l'un des rares à développer un raisonnement fourni sur la mondialisation en évitant le double écueil de l'utopie et de la résignation. Sa figure d'intellectuel prend davantage d'épaisseur encore avec ses qualités d'historien. Il enseignait l'Histoire aussi bien à travers ses discours qu'avec des ouvrages spécifiques, usant d'une pédagogie qui rendait une biographie de Napoléon III ou une galerie de portraits des présidents de l'Assemblée abordable pour le grand public. Dans sa bouche, l'Histoire de France se voulait un récit vivant où des figures salvatrices surgissaient régulièrement pour redresser le pays en dépit d'élites qui avaient abdiqué. Il croyait en la France et dans ses capacités de résilience. Et paradoxalement, cela en faisait un authentique optimiste par rapport à ceux qui expliquent volontiers que la spécificité française est vouée à disparaître dans le flot de la mondialisation anglo-saxonne. Ceux-ci proposent pour unique stratégie de suivre le mouvement globalisant sans esquisser la moindre inflexion. A ces personnes, Philippe

Séguin opposait volontiers cette citation de Sénèque qui lui servait de devise : « Ce n'est pas parce que les choses sont difficiles que nous n'osons pas, mais parce que nous n'osons pas qu'elles sont difficiles. »

Ce que les gens aiment et que les observateurs ont relevé, c'est l'attachement de Philippe Séguin à la République. Mais chez lui, l'évocation de la République n'était pas le mot valise qu'elle est devenue dans la bouche des politiques d'aujourd'hui. Philippe Séguin incarnait le meilleur de la République. Sa trajectoire méritocratique le rendait crédible tout comme son itinéraire politique. Il n'envisageait pas son parcours politique comme une carrière. Il disait d'ailleurs volontiers : « On ne s'installe pas dans les meubles de la République (…) on est des locataires, et encore précaire ». Il souhaitait servir la République, fièrement, librement, fidèlement. Sa vision du service de l'État se voulait au-dessus des partis. S'il se réclamait sans honte d'un certain tropisme à gauche, il éprouvait une déception si ce n'est un certain mépris pour son évolution partisane. Dans le même temps, l'évolution du mouvement gaulliste le décevait davantage encore. Ce mal-être partisan soulignait un autre trait apprécié des Français, et qui le rapprochait tellement du personnage de Cyrano : sa liberté. Il a, au fond, de l'ENA jusqu'à la présidence de l'Assemblée nationale, toujours été un marginal. Une marginalité innée, qu'il s'est efforcé de cultiver, en prenant soin de ne jamais se laisser corseter. Et lorsqu'il se sentit étouffé, il démissionna avec fracas, rappelant à tous qu'il ne tolérait pas les compromissions. Cette liberté et ce souci constant de servir l'intérêt général, en firent un Premier président de la Cour des comptes craint et respecté. Il fut ainsi intransigeant sur les dépenses de l'Élysée, y compris avec son ami Nicolas Sarkozy, à tel point que le magazine *Marianne* le désigna comme le meilleur opposant au Président de la République d'alors. Le copinage n'avait pas lieu d'être dès lors que l'intérêt général était en jeu. De même, lorsqu'il était en politique, il insistait bien auprès de ses soutiens qu'ils ne devaient s'attendre à rien en le soutenant, ni poste, ni faveur, seulement la satisfaction de se battre pour des idées qu'ils pensaient justes. Une conception en complet décalage avec ce qui se fait généralement en politique, où les gens soutiennent souvent un homme ou une femme en fonction de sa probabilité de remporter une élection, et donc à les récompenser par la suite.

La trajectoire de Philippe Séguin amène plusieurs interrogations. La première est : comment un homme doté de tant de qualités n'a-t-il jamais pu atteindre Matignon ou l'Élysée ? Les commentateurs, essentiellement des journalistes, avancent son caractère comme unique explication. Elle a le mérite de la simplicité, mais sombre, en réalité, dans le simplisme. Dans une autre période, Philippe Séguin aurait, malgré son mauvais caractère- mais Clemenceau ne disait-il pas que lorsqu'on a du caractère, il est toujours mauvais ? – sans doute connu une carrière plus aboutie. Sous la IVème République, où les gouvernements se formaient au centre de l'échiquier politique, sa position de gaulliste de centre-gauche lui aurait permis d'unifier quelques courants susceptibles de le faire devenir président du conseil. Sous le général de Gaulle, bien entendu, Matignon n'aurait pas été impossible. Il ne se serait pas permis les mêmes incartades qu'avec Chirac, et sa sensibilité de gauche n'aurait pas été considérée comme une anomalie parmi les gaullistes. Les positions centrales sous la Vème République sont plus délicates. Les institutions et le scrutin majoritaire ont suscité et exagéré le bipolarisme, amenant à amplifier les clivages entre les deux bords. Conséquence, les hommes et femmes politiques se trouvant aux marges de leur mouvement vers le centre ont dû subir les positions de leurs camps respectifs. On peut penser donc à un Séguin pour le RPR ou à un Rocard au PS, qui n'a jamais cru à la pertinence du programme commun.

Il est paradoxal, également, d'attribuer unanimement à Philippe Séguin la qualité d'homme d'État alors même qu'il n'a pu exercer pleinement au sein de l'exécutif. Marcel Gauchet, lors d'un colloque consacré à l'ancien Président de l'Assemblée nationale, a livré quelques explications sur ce point, permettant au passage de comprendre un peu plus la trajectoire de Philippe Séguin. Ainsi, selon l'historien, « la qualité d'homme d'État suppose la préférence pour la vérité qui dérange sur la démagogie qui plait ». Valeur que l'on attribue aisément à Philippe Séguin, son parcours parlant pour lui. Gauchet poursuit en relevant que la trajectoire de Séguin s'explique par le fait que la période dans laquelle il vécut politiquement fut celle de la décomposition de l'État et de la revanche des partis. Il fut, en somme, un homme d'État dépourvu d'État. Son positionnement gaullien, de se poser au-dessus des clivages, allait contre la logique institutionnelle de la Vème République, achevant de rendre ce personnage en complet décalage avec le microcosme politique. Dès lors, deux autres questions se posent sur la trajectoire de l'ancien maire d'Épinal. Peut-on réussir en politique tout en conservant sa liberté ? Et, interrogation moins philosophique mais toute aussi nécessaire pour étudier le parcours de Philippe Séguin : faut-il être européiste pour devenir Président de la République ou être nommé à Matignon ? On aurait pu y ajouter l'épithète monétariste. En effet, depuis 1993, tous les Premier ministres et les Présidents de la République ont été des partisans de la construction européenne telle qu'elle se réalise concrètement. Seul Manuel Valls a voté « Non » au traité de 2005, sans que l'on puisse le présenter, pour autant, comme un adversaire acharné de la politique économique prônée par Bruxelles. Les deux questions n'appellent pas forcément de réponse tranchée de notre part. Le seul fait de les poser en dit déjà beaucoup.

Un autre élément contribue à expliquer l'échec de Philippe Séguin : sa nuance et ses contradictions. La Vème République ne permet pas le succès de la nuance. L'homme est aussi plein de contradictions qui ont jalonnés sa vie et sa carrière politiques. Fervent républicain mais admirateur des deux Napoléon, électron libre dans un mouvement bonapartiste, homme de gauche dans un parti qui se droitise, patriote français, défenseur de la francophonie mais admirateur de l'Angleterre, éternel frondeur contre Chirac mais finalement toujours loyal, apôtre du rassemblement mais perpétuel marginal, champion du keynesianisme et des investissements publics devenant le gardien de la discipline budgétaire à la Cour des comptes. L'homme politique était complexe, sans doute trop pour une Vème République qui a favorisé les clivages simples pour ne pas dire simplistes. Il faut appartenir à un camp de manière claire, épouser ses valeurs profondes, quitte à faire des gestes vers le centre dans l'optique d'un second tour. Philippe Séguin s'est toujours imaginé, dans une posture gaullienne d'homme du recours, comme il l'évoquait dans ses mémoires : « J'aime trop la France, je crois trop à la République pour rester inerte demain si elles m'apparaissaient menacées »[62]. Cette déclaration d'amour pour son pays amène à penser que ce défenseur de Napoléon III n'aurait pas renier ces vers de Victor Hugo en guise d'épitaphe :

« France, tu verras bien qu'humble tête éclipsée

J'avais foi,

Et que je n'eus jamais dans l'âme une pensée

Que pour toi »[63].

---

[62] Philippe Séguin, *Itinéraire dans la France d'en bas, d'en haut et d'ailleurs*, *op.cit.*, p.599
[63] Victor Hugo, « Au moment de rentrer en France », *Les Châtiments*

Edition : BoD - Books on Demand
12/14 rond-point des Champs Elysées, 75008 Paris
Imprimé par Books on Demand GmbH, Norderstedt, Allemagne
ISBN : 9782322103256
Dépôt légal : janvier 2018

www.ingramcontent.com/pod-product-compliance
Lightning Source LLC
Chambersburg PA
CBHW061649250726
48659CB00004B/1427